LÍNGUA PORTUGUESA

para o Exame de Suficiência do CFC

Bacharel em Ciências Contábeis

O livro é a porta que se abre para a realização do homem.

Jair Lot Vieira

Fabiano Sales

LÍNGUA PORTUGUESA

PARA O
EXAME DE SUFICIÊNCIA
DO CFC
PARA BACHAREL EM CIÊNCIAS CONTÁBEIS

- CONSELHO FEDERAL DE CONTABILIDADE
- Elaborado de acordo com a Resolução nº 1301, de 17 de setembro de 2010, do Conselho Federal de Contabilidade

LÍNGUA PORTUGUESA
para o Exame de Suficiência do CFC
Fabiano Sales

1ª edição 2011

© desta edição: *Edipro Edições Profissionais Ltda. – CNPJ nº 47.640.982/0001-40*

Editores:	Jair Lot Vieira e Maíra Lot Vieira Micales
Produção editorial:	Murilo Oliveira de Castro Coelho
Diagramação:	Josué Luiz Cavalcanti Lira
Revisão:	Sandra Mara Doretto
Arte:	Karina Tenório e Simone Melz

Dados de Catalogação na Fonte (CIP) Internacional
(Câmara Brasileira do Livro, SP, Brasil)

Sales, Fabiano
Língua portuguesa para o exame de suficiência / Fabiano Sales. – São Paulo : EDIPRO, 2011. – (Coleção exame de suficiência do Conselho Federal de Contabilidade (CFC))

"Elaborado de acordo com a resolução n. 1301, de 17 de setembro de 2010, do Conselho Federal de Contabilidade".

Bibliografia.
ISBN 978-85-7283-780-4

1. Contabilidade 2. Português – Exames, questões etc. I. Título. II. Série

11-09170   CDD-657

Índices para catálogo sistemático:
1. Contabilidade : Exame de suficiência 657
2. Exame de suficiência : Contabilidade 657

edições profissionais ltda.
São Paulo: Fone (11) 3107-4788 – Fax (11) 3107-0061
Bauru: Fone (14) 3234-4121 – Fax (14) 3234-4122
www.edipro.com.br

À minha avó Irinéa (*in memoriam*), ao meu pai Cláudio Sérgio, à minha mãe Maria do Céu, ao meu irmão Samir e a todos meus grandes e fiéis amigos, sobretudo Rodrigo Amorim e Samara Fentanes, que sempre me apoiaram em diversas circunstâncias da vida. Também não posso deixar de lembrar-me dos professores Romulo Bolivar e Ronaldo Jordão Prestes, os quais são meus referenciais no ensino de língua portuguesa.

Sumário

Apresentação 17

capítulo 1 **Ortografia oficial – Emprego das letras**

Emprego das consoantes 19

    Emprego do S 19

    Emprego do SS 21

    Emprego do (C) Ç 22

    Emprego do Z 23

    Emprego do G 25

    Emprego do J 26

    Emprego do X 27

    Emprego do CH 29

    Emprego do H 30

Emprego das vogais 31

    Emprego do E 31

    Emprego do I 32

Emprego do hífen 33

Palavras de grafia confusa 41

    A – Há 41

    Ao encontro de – De encontro a 42

    Afim – A fim 42

8 LÍNGUA PORTUGUESA

Acerca de – A cerca de – Há cerca de – Cerca de 43

Em vez de – Ao invés de 44

Mal – Mau 44

Onde – Aonde – De onde 45

Os porquês 46

Se não – Senão 48

Tampouco – Tão pouco 48

capítulo 2 **Acentuação gráfica**

Acento tônico e acento gráfico 49

Regras gerais de acentuação 49

Proparoxítonas 49

Paroxítonas 49

Oxítonas 50

Monossílabas tônicas 51

Regras específicas de acentuação 51

Ditongos abertos "ÉI", "ÓI" E "ÉU" 51

"I" e "U" Tônicos 52

Palavras terminadas em "-OO" E "-EEM" 53

Acentos diferenciais 54

Trema 56

capítulo 3 **Morfologia**

Classes gramaticais 57

Classes variáveis e classes invariáveis 57

Substantivo 57

Classificação e formação 57

Flexão de gênero 59

Gênero aparente 60

Flexão de número 61

Substantivos usados apenas no plural 63

Plural dos nomes terminados em -ÃO 63

Plural dos diminutivos 65

Plural metafônico 66

Plural dos nomes compostos 66

Artigo 70
Classificação do artigo 70
Omissão do artigo 71
Repetição do artigo 72
Adjetivo 73
Classificação 73
Flexão de gênero 73
Flexão dos adjetivos compostos 74
Graus do adjetivo 75
Superlativos absolutos sintéticos eruditos 76
Locução adjetiva 77
Numeral 79
Classificação 79
Emprego dos numerais 81
Pronome 82
Classificação dos pronomes 82
Pronomes pessoais 84
Pronomes retos 84
Pronomes oblíquos 85
Emprego dos pronomes pessoais (EU e TU – MIM e TI) 86
Verbos, pronomes e correlações 89
Pronomes de tratamento 90
Uniformidade de tratamento 91
Pronomes possessivos 92
Emprego dos pronomes possessivos 92
Valores dos pronomes possessivos 93
Pronomes demonstrativos 94
Emprego dos pronomes demonstrativos 94
Pronomes indefinidos 97
Emprego dos pronomes indefinidos 97
Pronomes interrogativos 100
Pronomes relativos 100
Colocação pronominal 103
Colocação em locuções verbais 105
Verbo 106
Elementos estruturais dos verbos 107

10 LÍNGUA PORTUGUESA

Radical 107
Vogal Temática 107
Desinência modo-temporal 108
Desinência número-pessoal 109
Modos e tempos verbais 112
Modo indicativo 113
Modo subjuntivo 116
Modo imperativo 117
Tempos compostos 118
Tempos compostos: modo indicativo 118
Tempos compostos: modo subjuntivo 119
Tempos compostos: formais nominais 119
Tempos primitivos e derivados 120
Classificação dos verbos 121
Verbos regulares 121
Verbos irregulares 123
Verbos anômalos 125
Verbos defectivos 125
Verbos Abundantes 127
Locução verbal 129
Casos que geram dúvidas 130
Vozes verbais 133
Voz ativa 133
Voz passiva 133
Voz Reflexiva 135
Transposição de voz verbal: da ativa para passiva 135
Transposição de voz verbal: da passiva para ativa 137

Interjeição 138

Advérbio 138
Classificação do advérbio 139
Advérbio interrogativo 140
Graus do advérbio 141

Palavras e locuções denotativas 142

Preposição 143
Classificação das preposições 144
Valor semântico das preposições 145

Conjunção 147

    Conjuções coordenativas 147

        Aditivas 147

        Adversativas 147

        Conclusivas 148

        Alternativas 148

        Explicativas 148

    Conjunções subordinativas 148

        Causais 148

        Condicionais 149

        Concessivas 149

        Comparativas 149

        Conformativas 149

        Consecutivas 150

        Temporais 150

        Finais 150

        Proporcionais 150

        Integrantes 150

capítulo 4   Sintaxe

Conceito 151

Frase, oração e período 151

Termos essenciais da oração 152

Sujeito 152

    Classificação do sujeito 152

        Sujeito simples 152

        Sujeito composto 153

        Sujeito indeterminado 153

        Sujeito inexistente (oração sem sujeito) 154

        Sujeito oculto (ou desinencial) 156

    Predicado 156

    Predicação verbal 156

        Verbo de ligação 156

        Verbo intransitivo 157

        Verbo transitivo 158

            Verbo transitivo direto 158

Verbo transitivo indireto 158

Verbo transitivo direto e indireto 159

Classificação do predicado 159

Predicado Nominal 159

Predicado verbal 160

Predicado verbo-nominal 160

Termos integrantes da oração 160

Objeto 161

Objeto direto 161

Objeto direto preposicionado 161

Objeto direto interno 162

Objeto direto pleonástico 162

Objeto indireto 162

Objeto indireto pleonástico 163

Agente da passiva 163

Complemento nominal 164

Termos acessórios da oração 164

Adjunto adnominal 164

Adjunto adverbial 166

Classificação 166

Aposto 168

Classificação 168

Vocativo 169

O período – classificação 169

Período simples 170

Período composto 170

O período composto 170

Período composto por coordenação 170

Período composto por subordinação 170

Classificação das orações 171

Orações coordenadas 171

Orações subordinadas substantivas 173

Orações subordinadas adverbiais 177

Orações subordinadas adjetivas 180

Orações subordinadas reduzidas 182

Sumário **13**

Sintaxe de concordância 182

Concordância verbal 183

Particularidades 183

Concordância com o sujeito simples 183

Cocordância com o sujeito composto 183

Concordância com o sujeito oracional 184

Sujeitos ligados pela conjunção "OU" 184

Sujeito partitivo 185

Voz passiva sintética (VTD + SE) 185

Verbo haver 186

Verbo fazer 188

Verbo ser 188

Verbos dar, bater, tocar e soar 189

Verbos parecer e costumar 189

Pronomes Relativos "que" e "quem" 190

Pronome indefinido ou interrogativo + de + pronome pessoal 190

Cerca de, perto de, mais de, menos de + numeral 191

Substantivo próprio precedido de artigo plural 191

Expressão de realce "é que" 191

Concordância nominal 192

Adjetivo relacionado a mais de um substantivo 192

Concordância com numerais 193

Particularidades 193

Alerta e menos 193

Anexo, quite, incluso e leso 194

Em anexo, em incluso, em apenso 194

Bastante 194

Meio 195

Obrigado 195

Mesmo 196

Pseudo 196

Todo 196

Um e outro e nem um nem outro 197

Possível 197

Só 197

Haja vista 198

É bom, é necessário, é preciso, é permitido, é proibido 198

Sintaxe de regência 199

Regência nominal.. 199

Regência verbal 202

Principais casos.. 203

Acarretar 203

Agradar.. 203

Ajudar.. 203

Aludir e anuir 204

Assistir... 204

Atender.. 205

Chamar.. 205

Custar.. 206

Esquecer.. 206

Esquecer-se (verbo com pronome oblíquo) 206

Gostar.. 207

Implicar 207

Lembrar.. 207

Lembrar-se (verbo com pronome oblíquo) 207

Namorar 208

Obedecer e desobedecer... 208

Pagar e perdoar.. 208

Preferir 209

Presidir... 209

Proceder 209

Querer 210

Referir-se (verbo com pronome oblíquo)......................... 211

Responder... 211

Resultar 211

Simpatizar 212

Usufruir.. 212

Visar 212

Considerações finais 213

Crase 214

Regras básicas.. 215

Casos proibidos.. 220

Casos especiais 222

Acento grave antes de pronomes possessivos 223

Acento grave em nomes próprios femininos 224

Acento grave em nomes de lugar femininos 224

Acento grave em locuções 225

capítulo 5 Pontuação

Emprego da vírgula 229

Ordem direta 229

Ordem inversa 230

A vírgula no interior das orações 230

A vírgula entre as orações 232

Emprego do ponto 234

Emprego do ponto de interrogação 234

Emprego do ponto de exclamação 235

Emprego de dois-pontos 235

Emprego do ponto e vírgula 236

Emprego das reticências 236

Emprego das aspas 237

Emprego de parênteses 237

Emprego de travessão 238

capítulo 6 Tipos de discurso

Discurso direto 239

Discurso indireto 240

Transposição do discurso direto para o indireto 240

Discurso indireto livre 242

capítulo 7 Semântica

Conceito 243

Signo linguístico 243

Campo semântico 243

16 LÍNGUA PORTUGUESA

Polissemia 244
Denotação e conotação 246
Homonímia e paronímia 248
   Homônimos 248
      Homônimos homófonos 249
      Homônimos homógrafos 249
      Homônimos perfeitos 249
   Parônimos 249
   Relação de homônimos e parônimos 250
Sinonímia e antonímia 258

capítulo 8 **Exercícios** 261

Referências 303

Apresentação

A linguagem clara e objetiva, bem como o conteúdo gramatical voltado às provas de concursos públicos, tornam este manual indispensável a quem deseja se capacitar em relação aos aspectos formais da língua portuguesa ainda tão presentes nas cobranças das principais bancas do país. O professor Fabiano Sales parte da realidade de quem não é do ramo de Letras, ou seja, de quem não convive em seu cotidiano com análises ou nomenclaturas dessa área, e consegue explicitar os itens exigidos nos editais de maneira simples e completa, sob o viés estruturalista tradicional.

Para isso, agrega à sua exposição teórica: a) exemplos didaticamente mais precisos, com vistas à compreensão mais rápida e eficaz; b) dicas práticas, conhecidas também como "bizus", o que só quem convive com a rotina de preparação a esses tipos de exames pode oferecer; e c) questões comentadas de provas anteriores, a fim de adequar definitivamente o candidato à "linguagem" utilizada pelas organizadoras na cobrança de conceitos e aplicações abordados em seu livro.

Apesar de o autor ter priorizado a teoria gramatical cobrada pelo Exame de Suficiência do CFC (Bacharel em Ciências Contábeis), seu material – já segundo o Novo Acordo Ortográfico – serve de base não só a uma vasta gama de concursos, como também a quem simplesmente tem interesse em aprofundar, de maneira determinante, seus conhecimentos acerca de aspectos relevantes da modalidade culta formal da língua portuguesa.

Romulo Bolivar

Latinista e professor de língua portuguesa nos principais cursos preparatórios a concursos públicos e militares do Rio de Janeiro. Foi orientando do acadêmico Evanildo Bechara (ABL) e atualmente desenvolve pesquisa na área de Metodologia de Ensino da Língua Materna na Universidade do Estado do Rio de Janeiro (UERJ).

capítulo . 1

Ortografia oficial
Emprego das letras

EMPREGO DAS CONSOANTES

Emprega-se S:

a) Em palavras iniciadas pelas sílabas I, O e U.

> **Exemplos:** isento, isolado, Isabel, Isaura, Isidoro, Osório, Osíris, Oséias, usar, usina, usura, usufruir.
>
> **Exceção:** ozônio.

b) Em adjetivos com sufixo -OSO e -OSA.

> **Exemplos:** brilhoso, dengoso, saborosa, jeitosa, formosa.

c) Nos sufixos -ÊS de adjetivos que indicam nacionalidade, origem ou procedência.

> **Exemplos:** dinamarquês (da Dinamarca), japonês (do Japão), chinês (da China), inglês (da Inglaterra), português (de Portugal), milanês (de Milão), camponês (do campo), montanhês (da montanha).

d) Nos sufixos -ESA e -ISA, quando formarem o feminino de substantivos concretos ou designarem títulos.

> **Exemplos:** marquesa (de marquês), baronesa (de barão), duquesa (de duque), portuguesa (de português), consulesa (de cônsul), poetisa (de poeta), profetisa (de profeta), papisa (de papa), diaconisa (de diácono).

20 LÍNGUA PORTUGUESA

e) No segmento final da palavra, quando o fonema /z/ estiver entre vogais.

Exemplos: casa, brasa, frase, crase, ênfase, vaso, caso, tese, síntese, catequese, maresia, burguesia, ileso, obeso, brisa, pesquisa, análise, catálise, hidrólise, aviso, liso, riso, siso, hipnose, sacarose, apoteose, fuso, musa, medusa.
Exceções: gaze, prazo, baliza, coriza, ojeriza, deslize, guizo, granizo, gozo, cafuzo.

f) Após ditongos.

Exemplos: lousa, coisa, aplauso, maisena.

g) Nas formas verbais de PÔR e QUERER (e em seus derivados).

Exemplos: pus, pusera, puseram; compus, compôs, compuseram; quis, quiseste, quisera, quiseram.

h) No prefixo TRANS-.

Exemplos: transatlântico, transladar, transpor.

i) Nas palavras derivadas de verbos terminados em:

-DIR:	colidir, colisão; decidir, decisão; aludir, alusão.
-ENDER:	pretender, pretensão; compreender, compreensão; empreender, empresa; surpreender, surpresa.
-ERGIR:	imergir, imersão; emergir, emersão; aspergir, aspersão.
-ERTER:	perverter, perversão; converter, conversão; reverter, reversão.
-PELIR:	repelir, repulsa; compelir, compulsão; impelir, impulso.
-CORRER:	recorrer, recurso; incorrer, incursão; discorrer, discurso; percorrer, percurso.

Capítulo 1 – Ortografia oficial. Emprego das letras **21**

Quadro do S **(Síntese)**
Palavras iniciadas em 'i', 'o' e 'u': isento, Osório, usufruir

Nos sufixos
- -oso(a): brilhoso, formosa
- -ês: inglês, dinamarquês
- -esa e -isa: marquesa, poetisa

Final de palavra (entre vogais): pesquisa, análise

Após ditongo: lousa, aplauso
Verbo PÔR (e derivados): puser, dispuser
Verbo QUERER (e derivados): quis, quisera
No prefixo TRANS-: transatlântico, transpor

Derivados de verbos terminados em
- -DIR: colidir – colisão
- -ENDER: pretender – pretensão / surpreender – surpresa
- -ERGIR: imergir – imersão
- -ERTER: converter – conversão
- -PELIR: repelir – repulsa
- -CORRER: recorrer – recurso

Emprega-se SS:

Em palavras derivadas de verbos terminados em:

-CEDER:	_ceder_, cessão; _conceder_, concessão; _suceder_, sucessão; _exceder_, excesso.

DICA DO APROVADO!
Atenção aos parônimos "**cessão**" (ato de ceder), "**seção**" (setor, corte) e "**sessão**" (reunião).

-GREDIR:	_agredir_, agressão; _progredir_, progressão; _transgredir_, transgressão.

22 LÍNGUA PORTUGUESA

-PRIMIR:	*imprimir*, impressão; *oprimir*, opressão; *reprimir*, repressão; *exprimir*, expressão.
-METER:	*prometer*, promessa; *remeter*, remessa; *intrometer*, intromissão.
-Vogal + sufixo "-TIR":	*admitir*, admissão; *demitir*, demissão; *discutir*, discussão; *repercutir*, repercussão.

Quadro do SS (Síntese)	
Derivados de verbos terminados em	-CEDER: ceder – cessão -GREDIR: agredir – agressão -PRIMIR: reprimir – repressão -METER: remeter – remessa / intrometer – intromissão -Vogal + "-TIR": discutir – discussão

Emprega-se (C) Ç:

a) Em palavras africanas, árabes ou indígenas.

Exemplos: açaí, açoite, araçá, babaçu, caçula, Iguaçu, Itaipuaçu, muçulmano, miçanga, paçoca.

b) Após ditongos.

Exemplos: afeição, beiço, correição, eleição, louça.
Exceções: coice, foice.

c) Nos sufixos -AÇA, -AÇO, -IÇA, -UÇO, -ANÇA, -ENÇA, -ÇÃO.

Exemplos: barcaça, balaço, carniça, crença, dentuço, esperança, petição.

d) Em palavras derivadas do verbo TER.

Exemplos: *ater*, atenção; *abster*, abstenção; *conter*, contenção; *deter*, detenção; *obter*, obtenção; *reter*, retenção.

Capítulo 1 – Ortografia oficial. Emprego das letras **23**

e) Em palavras derivadas do verbo TORCER.

Exemplos: *torcer*, torção; *contorcer*, contorção; *distorcer*, distorção.

f) Em palavras derivadas de outras que possuem T̲ no radical.

Exemplos: *optar*, opção; *cantar*, canção; *exceto*, exceção; *isento*, isenção; *correto*, correção; *setor*, seção.

Quadro do (C) Ç (Síntese)
Palavras africanas, árabes ou indígenas: açaí, Iguaçu, muçulmano
Após ditongo: eleição, louça
Nos sufixos { -aço, -aça: balaço, barcaça / -iça, -uço: carniça, dentuço / -ção: armação, petição / -ança, -ença: criança, crença
Derivados do verbo TER: atenção, obtenção
Derivados do verbo TORCER: torção, distorção
Derivados de outras com T no radical: opção, canção

Emprega-se Z:

a) Em palavras iniciadas pela sílaba A̲.

Exemplos: azar, azado (**oportuno**), azia, azedo, azeite, azêmola, aziago, azul.
Exceções: asa, asado (provido de asas), Ásia, asilo, asinino.

b) Em palavras derivadas de outras que contenham Z̲ no radical.

Exemplos: *baliza*, abalizado; *revezar*, revezamento; *cruzar*, cruzamento; *paz*, apaziguar; *deslizar*, deslize.

c) Antes dos sufixos – AL, -ADA e –INHO(A).

Exemplos: *bambu*, bambuzal; *botão*, botãozinho, botõezinhos; *café*, cafezal, cafezinho; *pá*, pazinha, pazada.

24 LÍNGUA PORTUGUESA

DICA DO APROVADO!

Em regra, grafam-se com S os derivados de palavras cuja forma primitiva contenha S.

Exemplos:
lápis – lapisinho, lapiseira
mesa – mesinha, mesada
casa – casinha, casebre
japonês – japonesinho
parafuso – parafusinho

---

d) Nos sufixos -EZ e -EZA, formadores de substantivos abstratos derivados de adjetivos.

Exemplos: *límpido*, limpidez; *macio*, maciez; *tímido*, timidez; *belo*, beleza; *franco*, franqueza; *gentil*, gentileza.

e) Nos sufixos -IZAR e -IZAÇÃO.

Exemplos: *utilizar*, utilização; *dinamizar*, dinamização; *centralizar*, centralização; *legalizar*, legalização.

DICA DO APROVADO!

Alguns verbos recebem apenas -AR como sufixo. Portanto, devem ser grafados com S.

Exemplos:
frisar (de friso), pesquisar (de pesquisa), pisar (de piso), bisar (de bis), irisar (de íris), analisar (de análise), improvisar (de improviso), paralisar (de paralisação).

Exceções: hipnotizar (de hipnose), sintetizar (de síntese), batizar (de batismo), catequizar (de catequese), enfatizar (de ênfase).

Para memorizar as palavras em destaque: **H S B C E**

H	ipnotizar
S	intetizar
B	atizar
C	atequizar
E	nfatizar

f) Em segmento final da palavra, se o fonema /z/ **não** estiver entre vogais.

Capítulo 1 – Ortografia oficial. Emprego das letras **25**

Exemplos: audaz, sagaz, loquaz, voraz, veloz, algoz, atroz, albatroz, giz, cicatriz, matriz, chafariz, cuscuz, mastruz.

Exceções: abatis, ananás, anis, após, atrás, através, gás, ilhós, invés, lilás, quis, retrós, revés, viés.

g) Nos verbos finalizados em -ZER e em -ZIR.

Exemplos: fazer, dizer, trazer, cozer (cozinhar), produzir, abduzir.
Exceções: coser (costurar), transir (arrepiar).

Quadro do Z
(Síntese)

Palavras iniciadas por "A": azedo, azia
Derivados de outras com Z: abalizado, deslize

Nos sufixos
- -al, -ada, -inho: cafezinho, pazada, bambuzal
- -ez e -eza: acidez, timidez, gentileza, magreza
- -izar e -ização: utilizar, utilização

Final de palavra: audaz, algoz, cicatriz, mastruz
Verbos finalizados em -zer e -zir: fazer, trazer, produzir, abduzir

---

Emprega-se G:

a) Após A inicial.

Exemplos: agente, ágil, agiota, agir, agouro.

DICA DO APROVADO!

Grafam-se com **J** os derivados de palavras que contenham **J** no radical.
Exemplos: jeito, ajeitar; jesuíta, ajesuitar; juízo, ajuizar.

---

b) Após R, geralmente.

Exemplos: aspergir, convergir, divergir, sargento, submergir, virgem.
Exceções: gorjeio, gorjeta (de gorja); sarjeta (de sarja).

26 LÍNGUA PORTUGUESA

c) Nos finais -ÁGIO, -ÉGIO, -ÍGIO, -ÓGIO, -ÚGIO.

Exemplos: sufrágio, colégio, litígio, relógio, refúgio.

d) Nos finais dos substantivos -AGEM, -EGE, -IGEM, -OGE, -UGEM.

Exemplos: garagem, herege, vertigem, paragoge, ferrugem.
Exceções: pajem, lajem (ou laje), lambujem.

e) Nas formas infinitivas de verbos terminados em -GER e -GIR.

Exemplos: constranger, viger, fingir, fugir, infrigir (transgredir), infligir (aplicar).

Quadro do G (Síntese)
Depois de "A" inicial: agiota, agente Após R (geralmente): divergir, virgem. sargento Nos finais { -ágio, -égio, -ígio, -ógio, -úgio: pedágio, refúgio { -agem, -ege, -igem, -oge, -ugem: garagem, ferrugem Verbos terminados em -ger e -gir: constranger, fingir

Emprega-se J:

a) Em vocábulos derivados de palavras que contenham **J** no radical.

Exemplos: *jeito*, ajeitar; *majestade*, majestoso; *gorja*, gorjeta, gorjeio; *sarja*, sarjeta; *laranja*, laranjeira; *cereja*, cerejeira; *granja*, granjeiro; *igreja*, igrejeiro; *lisonja*, lisonjeado, lisonjeiro.

b) Em palavras ameríndias, árabes e latinas.

Exemplos: pajé, jiboia, jirau, jiló, jequitibá, jenipapo, jerimum, canjica, cafajeste, manjericão, alforje, hoje, objeto.

c) Na terminação -AJE.

Exemplos: laje, traje, ultraje.

Capítulo 1 – Ortografia oficial. Emprego das letras **27**

d) Nas formas verbais terminadas em -JAR.

Exemplos: *arranjar*, arranjei, arranjemos, arranjem; *bocejar*, bocejei, bocejemos, bocejem; *despejar*, despejei, despejemos, despejem; *viajar*, viajei, viajemos, viajem.

DICA DO APROVADO!

Cuidado os parônimos viagem (substantivo) e viajem (verbo viajar).

Exemplos:

Os caminhoneiros fizeram uma <u>viagem</u> cansativa.
(substantivo)

Desejo que eles <u>viajem</u> hoje à noite.
(verbo)

Importante!
Deve-se ter atenção especial à grafia das seguintes palavras: berinjela, enrijecer, injeção, interjeição, jejuar, jejum, lambujem, ojeriza, projétil, trejeito.

Quadro do J
(Síntese)

Vocábulos derivados de palavras com "J" no radical: ajeitar, majestoso
Origem ameríndia, árabe e latina: jiboia, jenipapo, canjica
Verbos terminados em -ger e -gir: constranger, fingir
Na terminação -aje: laje, ultraje
Verbos finalizados em -er e -ir: fazer, produzir

Nos verbos terminados em
- -JAR: despejar – despejei
- -GER: reger – rejo, reja
- -GIR: espargir – esparjo

Emprega-se X:

a) Depois das sílabas iniciais:

Me – mexerico, mexicano, mexer, mexa (verbo).

Exceção: *me<u>ch</u>a* (substantivo).

La – laxante.

Li – lixa, lixo.

28 LÍNGUA PORTUGUESA

Lu – luxo, luxúria.

Gra – graxa.

Bru – bruxa, Bruxelas, bruxelês.

En – enxada, enxuto, enxame, enxaqueca, enxoval, enxurrada, enxaguar, enxerto, enxergar, enxotar, enxugar.

Exceções: enchova, encher, encharcar e derivados desses vocábulos.

DICA DO APROVADO!

Quando en- for prefixo, prevalecerá a grafia da palavra primitiva.
Exemplo: enxadrista (de xadrez), engraxar, engraxate (de graxa).

---

b) Após ditongos.

Exemplos: ameixa, caixa, eixo, encaixe, frouxo, queixo, seixo.

Exceções: recauchutar, recauchutagem (de caucho).

c) Em palavras de origem africana ou indígena.

Exemplos: abacaxi, caxumba, capixaba, muxoxo, Xavante, Xingu.

Quadro do X
(Síntese)

Após as sílabas iniciais	Me-: mexerico, mexer La-: laxante Li-: lixa, lixo Lu-: luxo, luxúria Gra-: graxa Bru-: bruxa, Bruxelas En-: enxada, enxerto

Após ditongos: caixa, encaixe
Palavras de origem africana ou indígena: abacaxi, caxumba, muxoxo

---

Grafia correta de algumas palavras

Grafam-se com X, e não com **Z**: exame, exausto, existir, êxodo, exótico, exumação, exacerbar, exotérmico, exorcismo, exuberante, exa-

Capítulo 1 – Ortografia oficial. Emprego das letras **29**

lar, exaltar, exarar, exaustão, exéquias, exílio, exímio, êxito, êxodo, exonerar, exótico, inexorável.

Grafam-se com X, e não com S: expandir, expatriar, expletivo, expirar, expelir, expectativa, experiência, expiar (pagar a culpa), expoente, êxtase, extasiado, explanar, expor, explicar, extasiar, extensão, extenso, extensivo, externo (lado de fora), extratificar (extrair de algum lugar) e extrovertido.

IMPORTANTE!

Cuidado com as seguintes palavras: esplêndido, estender, estendido, estourar, esterno (osso), estranho e estratificar (dispor em camadas ou estratos).

Emprega-se CH:

a) Nos cognatos das palavras com CH.

Exemplos: chamariz (de chamar), chinelada (de chinelo), chifrada (de chifre), chaveiro (de chave), pichação (de piche).

b) Nos segmentos iniciais CHAM- e CHO- .

Exemplos: chamuscar, champanha, chaminé, chocalho, chocolate, choupana.

Exceção: xampu.

c) Nos sufixos -ACHO, -ICHO e UCHO(A).

Exemplos: riacho, esguicho, gaúcho, gaúcha.

OBSERVAÇÕES!

1ª) Quando "EN-" for prefixo, prevalecerá a grafia da palavra primitiva: encharcar (de charco), enchapelar (de chapéu), enchiqueirar (de chiqueiro), enchumbar (de chumbo), enchouriçar (de chouriço), enchumaçar (de chumaço), enchente (de encher).

2ª) Atenção especial à escrita correta das seguintes palavras: chave, chuchu, chicote, chifre, chimarrão, chimpanzé, cochilo, chulo, chumaço, chacina, chantagem, chibata, brocha (prego) bucho (estômago de animais), chá (arbusto), cheque (ordem de pagamento), tacha (prego), flecha, cartucho.

LÍNGUA PORTUGUESA

Quadro do CH
(Síntese)

Cognatos de palavras com CH: chamariz, pichação

Nos segmentos iniciais {
CHAM-: chamuscar, champanha
CHO-: chocalho, chocolate

Nos sufixos {
-ACHO: riacho
-ICHO: esguicho
-UCHO(A): gaúcho, gaúcha

Emprega-se H:

a) Nos compostos ligados por hífen em que o segundo elemento começa com H.

Exemplos: anti-higiênico, pré-histórico, pseudo-homérico, super--homem, infra-hepático, sobre-humano, arqui-herança, proto-história, mini-hotel, ultra-humano.

OBSERVAÇÃO!

Atenção à grafia correta das seguintes palavras: desarmonia, desumano, lobisomem.

b) No verbo HAVER (e em suas flexões).

Exemplos: havemos, haveis, haveria, houve, houvesse, houver.

c) No substantivo próprio BAHIA (Estado do Brasil).

DICA DO APROVADO!

Os derivados da palavra Bahia são grafados sem H.
Exemplos:
baiano, baianinha, baianada.

Capítulo 1 – Ortografia oficial. Emprego das letras **31**

EMPREGO DAS VOGAIS

Emprega-se E:

a) No Presente do Indicativo: na 2ª e 3ª pessoas do singular (tu e ele) e na 3ª pessoa do plural (eles) dos verbos terminados em –IR.

Exemplos:
Reunir – tu reúnes, ele reúne, eles reúnem.
Partir – tu partes, ele parte, eles partem.

b) No Presente do Subjuntivo: em todas as pessoas dos verbos terminados em -OAR e -UAR.

Exemplos:
Magoar – (que) eu magoe / tu magoes / ele magoe / nós magoemos / vós magoeis / eles magoem.
Perdoar – (que) eu perdoe / tu perdoes / ele perdoe / nós perdoemos / vós perdoeis / eles perdoem.
Atuar – (que) eu atue / tu atues / ele atue / nós atuemos / vós atueis / eles atuem.
Pontuar – (que) eu pontue / tu pontues / ele pontue / nós pontuemos / vós pontueis / eles pontuem.

c) Nas formas rizotônicas dos seguintes verbos terminados em -IAR: mediar, ansiar, remediar, incendiar e odiar.

Para memorizar: M A R I O	
M	ediar – eu medeio, tu medeias, ele medeia, eles medeiam.
A	nsiar – eu anseio, tu anseias, ele anseia, eles anseiam.
R	emediar – eu remedeio, tu remedeias, ele remedeia, eles remedeiam.
I	ncendiar – eu incendeio, tu incendeias, ele incendeia, eles incendeiam.
O	diar – eu odeio, tu odeias, ele odeia, eles odeiam.

Observação!
O verbo intermediar segue o paradigma do verbo mediar.

DICA DO APROVADO!

Formas **rizotônicas** são aquelas em que o acento tônico recai numa sílaba encontrada no radical da palavra. Sempre aparecem nos seguintes tempos e pessoas:

DICA DO APROVADO!

Presente do indicativo	Presente do subjuntivo
Eu medeio (rizotônica)	(Que) **Eu** medeie (rizotônica)
Tu medeias (rizotônica)	(Que) **Tu** medeies (rizotônica)
Ele medeia (rizotônica)	(Que) **Ele** medeie (rizotônica)
Nós mediamos (arrizotônica)	(Que) **Nós** mediemos(arrizotônica)
Vós mediais (arrizotônica)	(Que) **Vós** medieis (arrizotônica)
Eles medeiam (rizotônica)	(Que) **Eles** medeiem (rizotônica)

Por sua vez, formas **arrizotônicas** são aquelas em que o acento tônico recai numa sílaba situada fora do radical. Aparecem nos demais tempos e pessoas não apresentados acima.

Exemplos: nós mediamos, vós mediais, nós ansiamos, vós ansiais, nós remediamos, vós remediais.

d) Nas seguintes palavras: beneficência, cadeado, candeeiro, creolina, cumeeira, descortinar, descrição (descrever), descriminar (inocentar), desperdício, despensa (depósito), empecilho, empório, espontâneo, encarnação, paletó, peão (pessoa), periquito, prazerosamente, rédea, terebintina.

Emprega-se I:

a) No Presente do Indicativo: na 2ª e 3ª pessoas do singular (tu e ele) dos verbos terminados em -UIR, -AIR e -OER.

Exemplos:
-UIR: tu possuis, ele possui; tu contribuis, ele contribui; tu constróis, ele constrói.
-AIR: tu extrais, ele extrai; tu retrais, ele retrai; tu distrais, ele distrai.
-OER: tu róis, ele rói; tu móis, ele mói; tu remóis, ele remói.

b) Nas formas rizotônicas dos verbos terminados em -EAR.

Exemplos:
Recear: eu receio, tu receias, ele receia, eles receiam.
Frear: eu freio, tu freias, ele freia, eles freiam.
Passear: eu passeio, tu passeias, ele passeia, eles passeiam.

Capítulo 1 – Ortografia oficial. Emprego das letras **33**

DICA DO APROVADO!

Formas **rizotônicas** são aquelas em que o acento tônico recai numa sílaba encontrada no radical da palavra. Sempre aparecem nos seguintes tempos e pessoas:

Presente do indicativo	Presente do subjuntivo
Eu receio (rizotônica)	(Que) Eu receie (rizotônica)
Tu receias (rizotônica)	(Que) Tu receies (rizotônica)
Ele receia (rizotônica)	(Que) Ele receie (rizotônica)
Nós receamos (arrizotônica)	(Que) Nós receemos (arrizotônica)
Vós receais (arrizotônica)	(Que) Vós receeis (arrizotônica)
Eles receiam (rizotônica)	(Que) Eles receiem (rizotônica)

Por sua vez, formas **arrizotônicas** são aquelas em que o acento tônico recai numa sílaba situada fora do radical. Aparecem nos demais tempos e pessoas não apresentados acima.

Exemplos: nós receamos, vós receais, nós freamos, vós freais, nós passeamos, vós passeais.

c) Nas seguintes palavras: aborígine, açoriano, camoniano, calcário, casimira, cordial, corrimão, crânio, crioulo, digladiar, discernir, discrepância, discrição (discreto), discriminar (isolar), disenteria, dispensa (licença), displicência, erisipela, escárnio, impigem, inclinar, inquirir, invólucro, lampião, manteiga, manteigueira, meritíssimo, pião (brinquedo), privilégio.

EMPREGO DO HÍFEN

Emprega-se hífen:
Antes do Novo Acordo Ortográfico

a) Nos prefixos PSEUDO-, SEMI-, INTRA-, CONTRA-, AUTO-, NEO-, EXTRA-, PROTO-, INFRA-, ULTRA- e SUPRA- que antecedem palavras iniciadas por 'H', 'R', 'S' e vogais diferentes.

Para memorizar: **P S I C A N E P I U S**

Com o prefixo		Palavra iniciada por	Exemplos
P	seudo	H	pseudo-homérico
S	emi	(emprega-se hífen)	
I	ntra		
C	ontra	R	neo-republicano
A	uto	(emprega-se hífen)	proto-revolução

34 LÍNGUA PORTUGUESA

Com o prefixo	Palavra iniciada por	Exemplos
N eo E xtra P roto I nfra U ltra S upra	S (emprega-se hífen)	pseudo-sábio semi-selvagem ultra-secreto
P seudo S emi I ntra	mesma vogal (sem hífen)	intraauricular autoônibus
C ontra A uto N eo E xtra P roto I nfra U ltra S upra	vogal diferente (emprega-se hífen)	contra-indicação intra-ocular extra-oficial supra-excitação Exceção: extraordinário

Após o Novo Acordo Ortográfico

– Nos prefixos PSEUDO-, SEMI-, INTRA-, CONTRA-, AUTO-, NEO-, EXTRA-, PROTO-, INFRA-, ULTRA- e SUPRA- que antecedem palavras iniciadas por 'H' e vogais iguais. Antecedendo palavras iniciadas por 'R' e 'S', estas consoantes serão duplicadas. Incluem-se nesta regra todos os prefixos terminados por vogal.

Com o prefixo	Palavra iniciada por	Exemplos
P seudo S emi	H (emprega-se hífen)	pseudo-homérico
I ntra C ontra A uto	R (duplica-se a letra r)	neorrepublicano protorrevolução
N eo E xtra P roto	S (duplica-se a letra s)	pseudossábio semisselvagem ultrassecreto
I nfra U ltra S upra	mesma vogal (emprega-se hífen)	intra-auricular auto-ônibus

Capítulo 1 – Ortografia oficial. Emprego das letras **35**

Com o prefixo		Palavra iniciada por	Exemplos
P	seudo		
S	emi		
I	ntra		
C	ontra		contraindicação
A	uto	vogal diferente	intraocular
N	eo	(sem hífen)	extraoficial
E	xtra		
P	roto		
I	nfra		
U	ltra		
S	upra		

Antes do Novo Acordo Ortográfico

b) Nos prefixos ANTE-, ANTI-, SOBRE- e ARQUI- que antecedem palavras iniciadas por 'H', 'R' e 'S'.

Para memorizar: A ASA

Com o prefixo		Palavra iniciada por	Exemplos
A	nte	H (emprega-se hífen)	ante-histórico anti-higiênico sobre-humano arqui-herança
A	nti	R (emprega-se hífen)	arqui-rival
S	obre		ante-sala
A	rqui	S (emprega-se hífen)	anti-semita sobre-saia Exceções: sobressair, sobressa-lente, sobressaltar, sobressalto

Após o Novo Acordo Ortográfico

– Nos prefixos ANTE-, ANTI-, SOBRE- e ARQUI- que antecedem palavras iniciadas por 'H', 'R' e 'S' e vogais iguais.

36 LÍNGUA PORTUGUESA

Com o prefixo		Palavra iniciada por	Exemplos
A	nte	H (emprega-se hífen)	ante-histórico anti-higiênico sobre-humano arqui-herança
		R (duplica-se a letra r)	arquirrival antessala antissemita
A S A	nti obre rqui	S (duplica-se a letra s)	sobressaia sobressalente sobressaltar sobressalto
		mesma vogal (emprega-se hífen)	anti-inflamatório arqui-inimigo
		vogal diferente (sem hífen)	anteontem antiaéreo

c) Nos prefixos SUPER-, INTER- e HIPER- que antecedem palavras iniciadas por 'H' e 'R' (regra mantida pelo novo acordo ortográfico).

Para memorizar: **S H I**

Com o prefixo		Palavra iniciada por	Exemplos
S H I	uper iper nter	H (emprega-se hífen)	super-requintado hiper-humano inter-resistente
		R (emprega-se hífen)	

Antes do Novo Acordo Ortográfico

d) Nos prefixos CIRCUM-, PAN- e MAL- que antecedem palavras iniciadas por <u>H</u> e vogais.

Para memorizar: **C P M**

Capítulo 1 – Ortografia oficial. Emprego das letras **37**

Com o prefixo		Palavra iniciada por	Exemplos
C P M	ircum an al	H (emprega-se hífen)	circum-hospitalar pan-hispânico mal-humorado
		Vogal (emprega-se hífen)	circum-escolar pan-americano mal-educado

Após o Novo Acordo Ortográfico

– Nos prefixos CIRCUM- e PAN, que antecedem palavras iniciadas por <u>H</u>, <u>M</u>, <u>N</u> e vogais, e no prefixo MAL-, que antecede palavras iniciadas por <u>H</u>, <u>L</u> e vogais.

Com o prefixo		Palavra iniciada por	Exemplos
C P	ircum an	H (emprega-se hífen)	circum-hospitalar pan-hispânico
		Vogal (emprega-se hífen)	circum-escolar pan-americano
		M (emprega-se hífen)	circum-murado pan-mágico
		N (emprega-se hífen)	circum-navegação pan-negritude
M	al	H (emprega-se hífen)	mal-humorado
M	al	Vogal (emprega-se hífen)	mal-entendido
		L (emprega-se hífen)	mal-limpo, mal-lavado **Obs.:** Significando doença, emprega-se o hífen: mal-caduco (epilepsia), mal-francês (sífilis).

e) Nos prefixos PÓS-, PRÉ- e PRÓ- quando estes forem acentuados <u>graficamente</u> (regra mantida pelo novo acordo ortográfico).

Para memorizar: **P P P**

Com o prefixo		Exemplos
P ós P ré P ró	Quando acentuados graficamente (emprega-se hífen)	pós-meridiano pré-escolar pró-ativa

f) Nos prefixos SOB-, AB-, AD- e OB- que antecedem <u>R</u> (regra mantida pelo novo acordo ortográfico).

Para memorizar: **SOB AB AD OB**

Com o prefixo	Palavra iniciada por	Exemplos
Sob Ab Ad Ob	R (emprega-se hífen)	sob-roda ab-rogar ab-rupto ad-renal ob-reptício *ab-rupto ou abrupto

g) No prefixo SUB- que antecede <u>B</u> e <u>R</u>.

Antes do Novo Acordo Ortográfico

Com o prefixo	Palavra iniciada por	Exemplos
Sub	B (emprega-se hífen)	sub-base
	R (emprega-se hífen)	sub-reino sub-rogar sub-réptil *subumano ou sub-humano

Após o Novo Acordo Ortográfico

– No prefixo SUB- que antecede 'B' , 'R' e 'H'.

Capítulo 1 – Ortografia oficial. Emprego das letras **39**

Com o prefixo	Palavra iniciada por	Exemplos
Sub	B (emprega-se hífen)	sub-base
	R (emprega-se hífen)	sub-reino
	H (emprega-se hífen)	sub-humano *subumano ou sub-humano

h) Quando houver os prefixos SEM-, SOTA-, SOTO-, VICE-, VIZO- e EX- , em qualquer caso (regra mantida pelo novo acordo ortográfico).

Para memorizar: S S S V V E

Com o prefixo	Palavra iniciada por	Exemplos
S em		sem-cerimônia
S ota		sota-piloto
S oto	Qualquer letra	soto-ministro
V ice		vice-diretor
V izo		vizo-rei
E x		ex-presidente

Antes do Novo Acordo Ortográfico

i) Quando houver os prefixos BEM-, ALÉM-, RECÉM-, CO- e AQUÉM-, em qualquer caso.

Para memorizar: B A R C A

Com o prefixo	Palavra iniciada por	Exemplos
B em		bem-aventurado
A lém		bem-vindo
R ecém	Qualquer letra	além-mar
C o*		recém-nascido
A quém		co-seno
		aquém-fronteiras
		Exceções: benfazejo (benfazer), benfeito, benfeitor, benquerença (benquerer) cooperar, correlação, coadjuvante.

40 LÍNGUA PORTUGUESA

Após o Novo Acordo Ortográfico

– Quando houver os prefixos BEM-, ALÉM-, RECÉM- e AQUÉM-, em qualquer caso, conforme visto acima. Com relação ao prefixo CO-, foi abolido o emprego do hífen antes de palavras iniciadas por H, R e S. Nos dois últimos casos – R e S –, as consoantes deverão ser duplicadas.

Com o prefixo		Palavra iniciada por	Exemplos
C	o	H (sem hífen)	co + herança = coerança co + herdeiro = coerdeiro co + habitar = coabitar
		R (duplica-se a letra r)	corruptura, correlação
		S (duplica-se a letra s)	cosseno, cossecante *Sem hífen, mesmo havendo encontro da vogal "o": cooperar, coordenar ...

j) Com sufixos do tupi-guarani –AÇU, -GUAÇU e -MIRIM, quando o primeiro elemento da palavra terminar em vogal acentuada graficamente ou quando a pronúncia exigir.

Exemplos: araçá-guaçu, araçá-mirim, anajá-mirim, capim-açu.

k) Nas formas compostas por GRÃ- (grande) ou GRÃO- (grande), quando formarem nomes de lugar, ou nas formas verbais e nos compostos ligados por artigo.

Exemplos: Grã-Bretanha, Grão-Pará, Passa-Quatro, Trás-os-Montes, Baía de Todos-os-Santos.

IMPORTANTE!

O vocábulo **Guiné-Bissau** permanece **hifenado** por se tratar de forma consagrada pelo uso.

Capítulo 1 – Ortografia oficial. Emprego das letras **41**

l) Nas palavras compostas por justaposição que não contenham formas de ligação, mantenham acento próprio e constituem uma unidade sintática e semântica.

Exemplos: arco-íris, amor-perfeito, ano-luz, decreto-lei, guarda--chuva, guarda-roupa, manda-tudo, para-brisa, para-choque, para--lama, para-raios, professor-adjunto, secretário-geral, tenente-coronel, major-aviador.

IMPORTANTE!

O novo acordo ortográfico aboliu o emprego do hífen em palavras compostas que perderam a noção de composição.

Exemplos:

mandachuva, paramédico, paraquedas, paraquedista, madressilva, girassol, pontapé.

m) Em adjetivos compostos que representam individualidade morfológica.

Exemplos: afro-brasileiro, anglo-americano, anglo-saxão, euro-asiático, franco-suíço, greco-romano, latino-americano, luso-brasileiro.

Exceções: afrodescendente, anglomania, eurocêntrico.

n) Em compostos que designam espécies zoológicas e botânicas (regra mantida pelo novo acordo ortográfico).

Exemplos: andorinha-do-mar, couve-flor, erva-doce, joão-de-barro, bico-de-papagaio, não-me-toques.

PALAVRAS DE GRAFIA CONFUSA

1) A – HÁ

A – pode ser:

a) **Artigo**, acompanhando **nomes femininos**.

Exemplo: A moça é linda.

b) **Preposição**, ora estabelecendo **relação entre termos da oração**, ora indicando ideia de **distância**, ora de **tempo futuro**.

42 LÍNGUA PORTUGUESA

> **Exemplos:**
> O acidente ocorreu a dois quilômetros daqui.
> (preposição= relação de distância)
>
> O avião chegará daqui a cinco minutos.
> (preposição= ideia de futuro)

    c) **HÁ** – verbo empregado em expressões que indicam "TEMPO DE-CORRIDO". Neste caso, é impessoal, devendo ser flexionado na 3ª pessoa do singular. Pode ser substituído por "FAZ".

> **Exemplos:**
> Falei com meu amigo **há** trinta dias.
> (= Falei com meu amigo **faz** trinta dias.)
>
> Fui aprovado no concurso **há** quatro anos.
> (= Fui aprovado no concurso **faz** quatro anos.)

2) AO ENCONTRO DE – DE ENCONTRO A
    AO ENCONTRO DE – transmite ideia de "EM FAVOR DE", CONCORDÂNCIA".

> **Exemplo:**
> Minha opinião foi **ao encontro d**a sua.
> (= Minha opinião foi **em favor d**a sua.)

    DE ENCONTRO A – transmite ideia de "OPOSIÇÃO", "COLISÃO".

> **Exemplo:**
> Minha opinião foi **de encontro** à sua.
> (= Minha opinião foi **contrária** à sua.)
>
> O caminhão foi **de encontro** ao muro.
> (= O caminhão foi **contra** o muro.)

3) AFIM – A FIM
    AFIM – é um adjetivo que indica "SEMELHANÇA", "AFINIDADE".

Capítulo 1 – Ortografia oficial. Emprego das letras **43**

Exemplos:
São duas pessoas **afins**.
(= São duas pessoas **semelhantes**.)

A moça está **afim** de você.
(A moça tem **afinidade** por você.)

A FIM – surge na locução **a fim de que** e transmite a ideia de FINALIDADE. Equivale a "PARA".

Exemplos:
Estudamos **a fim de** sermos aprovados no concurso.
(= Estudamos **para** sermos aprovados no concurso.)

4) ACERCA DE – A CERCA DE – HÁ CERCA DE – CERCA DE
ACERCA DE – significa "A RESPEITO DE", "SOBRE".

Exemplo:
Falamos **acerca do** concurso.
(= Falamos **a respeito do** concurso.)

A CERCA DE – transmite ideia de "DISTÂNCIA".

Exemplo:
Estava **a cerca de** 20 metros do local de prova. (= Estava **à distância** de 20 metros do local de prova.)

CERCA DE – significa "DURANTE", "APROXIMADAMENTE".

Exemplo:
Conversamos **cerca de** uma hora.
(= Conversamos **durante** uma hora.)

HÁ CERCA DE – significa "EXISTE APROXIMADAMENTE", "APROXIMADAMENTE NO PASSADO".

44 LÍNGUA PORTUGUESA

Exemplos:
Há **cerca de** trinta candidatos na sala. (= **Existem aproximadamen-te** trinta candidatos na sala.)

Passei no concurso **há cerca de** quatro anos. (= Passei no concurso **há aproximadamente** quatro anos.)

5) EM VEZ DE – AO INVÉS DE

EM VEZ DE – indica "NO LUGAR DE".

Exemplos:
Em vez de arroz com feijão, comeu bife com batata frita.
(= **No lugar** de arroz com feijão, comeu bife com batata frita.)

AO INVÉS DE – indica "OPOSIÇÃO". Essa expressão é emprega-da com palavras de sentido contrário.

Exemplos:
Ao invés de <u>sorrir</u>, <u>chorou</u>.
Ao invés de <u>subir</u> as escadas, <u>desceu</u>.

6) MAL – MAU

MAL (antônimo de "bem") – pode ser um substantivo ou um ad-vérbio. Em ambos os casos, permite-se sua substituição pelo an-tônimo "BEM".

Exemplos:
Não devemos praticar o **mal**.
(= Não devemos praticar o **bem**.)

Ele foi **mal** criado pelos pais.
(= Ele foi **bem** criado pelos pais.)

MAL – é uma conjunção subordinativa temporal. Neste caso, pode ser substituído por ASSIM QUE, LOGO QUE.

Exemplos:
Mal ele chegou, todos se calaram.
(= **Assim que** ele chegou, todos se calaram.)

Mal raiou o sol, chegamos à praia.
(= **Logo que** raiou o sol, chegamos à praia.)

MAU (antônimo de "bom") – é um adjetivo. Pode ser substituído pelo antônimo "BOM".

Exemplos:
Ele é um **mau** funcionário.
(= Ele é um **bom** funcionário.)

Ele tem um grande **mau** humor.
(= Ele tem um grande **bom** humor.)

7) ONDE – AONDE – DE ONDE

ONDE – empregado com verbos que exprimem "ESTADO" ou "PERMANÊNCIA".

Exemplos:
A cidade **onde** estou é linda.
Onde você deixou os óculos?

AONDE – empregado com verbos que exprimem "MOVIMENTO".

Exemplo:
Aonde você quer chegar?

DE ONDE – empregado com verbos que exprimem "ORIGEM", "PROCEDÊNCIA".

Exemplo:
De onde você veio?

46 LÍNGUA PORTUGUESA

8) OS PORQUÊS

POR QUE (separado e sem acento) – é um advérbio interrogativo usado em:

a) interrogativa direta.

Exemplo: Por que você faltou à aula ontem?

b) interrogativa indireta.

Exemplo: Gostaria de saber **por que** você faltou à aula ontem.

DICA DO APROVADO!

O "POR QUE" (separado e sem acento) também pode ser empregado nos seguintes contextos:

- Preposição + pronome interrogativo, equivalente a "por qual razão".

Exemplo:
Não sei **por que** insisto; só sei que serei aprovado.
(= Não sei **por qual razão** insisto; só sei que serei aprovado.)

- Preposição + pronome relativo, equivalente a "pelo qual" (e flexões).

Exemplo:
Passarei no concurso **por que** tanto luto.
(= Passarei no concurso **pelo qual** tanto luto.)

- Após as palavras denotativas "EIS" e "DAÍ".

Exemplos:
"Eis **por que** seremos aprovados."
"Daí **por que** dizemos que seremos aprovados."

CUIDADO!

Se o "**por que**" estiver substantivado, deve-se empregar "**porquê**" (junto e com acento). Neste caso, será equivalente a <u>motivo</u>, <u>razão</u>.

Exemplos:
Eis <u>o</u> **porquê** de nossa aprovação.
Daí <u>um</u> **porquê** de seu sucesso: o estudo.

POR QUÊ (**separado e com acento**) – é um advérbio interrogativo usado quando, na frase, estiver **próximo aos sinais de pontuação**.

Capítulo 1 – Ortografia oficial. Emprego das letras **47**

Exemplos:
Não fez a prova? **Por quê?**
O quantitativo de amigos, não sei **por quê**, foi aumentando.

PORQUE (junto e sem acento) – é uma conjunção usada em respostas. Dependendo do contexto em que estiver inserida, indicará uma:

a) explicação (= **pois**)

Exemplo:
A moça chorou, **porque** foi aprovada no concurso. (= A moça chorou, **pois** foi aprovada no concurso.)

b) causa (= **já que**)

Exemplo:
A moça chorou **porque** os olhos estão vermelhos.
(= A moça chorou **já que** os olhos estão vermelhos.)

c) finalidade (= **para que**).

Exemplo:
Fiz-lhe sinal **porque** se calasse.
(= Fiz-lhe sinal **para que** se calasse.)

OBSERVAÇÃO!

O "**porque**" (junto e sem acento) deve ser usado em perguntas, se estiver após o verbo 'SER'.

Exemplo:
Por que o rapaz está chorando? Será porque foi aprovado no concurso ?

PORQUÊ (junto e com acento) – é um substantivo usado sempre que vier precedido de determinante. Significa <u>motivo</u>, <u>razão</u>.

48 LÍNGUA PORTUGUESA

Exemplos:
Gostaria de entender o **porquê** de suas faltas.
(= Gostaria de entender o **motivo** de suas faltas.)

Desejo saber os **porquês** de tanto estudo.
(= Desejo saber as **razões** de tanto estudo.)

12) SE NÃO – SENÃO

SE NÃO – formado por "SE" (conjunção condicional) + "NÃO" (advérbio). Equivale a "CASO NÃO".

Exemplo:
Se não estudarem, não passarão no concurso.
(= **Caso não** estudem, não passarão no concurso.)

SENÃO – equivalente a "CASO CONTRÁRIO", "EXCETO".

Exemplos:
Estude bastante, **senão** você não terá sucesso.
(= Estude bastante, **caso contrário** você não terá sucesso.)

Todos foram convidados para a festa, **senão** ela.
(= Todos foram convidados para a festa, **exceto** ela.)

13) TAMPOUCO – TÃO POUCO

TAMPOUCO – é uma conjunção coordenativa aditiva. Equivale a "TAMBÉM NÃO", "NEM".

Exemplo:
Eles não trabalham **tampouco** estudam.
(= Eles não trabalham **nem** estudam.)

TÃO POUCO – expressão equivalente a "MUITO POUCO".

Exemplo:
Ele dormiu **tão pouco**, que logo sentirá sono.
(=Ele dormiu **muito pouco**, que logo sentirá sono.)

capítulo . 2

Acentuação gráfica

ACENTO TÔNICO E ACENTO GRÁFICO

Acento tônico: é o maior esforço expiatório da voz na emissão de determinada sílaba de uma palavra.

Exemplos: rubrica, pudico, avaro, tatu, raiz, fortuito, tranquilidade, harmonia.

Acento gráfico: é o sinal gráfico (agudo ou circunflexo) que se coloca na vogal tônica de determinado vocábulo.

Exemplos: refém, cipó, faraó, conteúdo, saíram, própria, volúvel, têxtil, repórter, lâmpada.

REGRAS GERAIS DE ACENTUAÇÃO

1) PROPAROXÍTONAS

Acentuam-se **todas** as proparoxítonas, **sem** exceção.

Exemplos: pêssego, fábrica, lâmpada, clássico, arquétipo, álibi, ômega, ínterim, década, hábitat, déficit.

2) PAROXÍTONAS

São acentuadas as paroxítonas terminadas em:

– R, X, N, L (Para memorizar: RouXiNoL).

Exemplos: éter, caráter, tórax, ônix, hífen, abdômen, elétron(s), incrível, têxtil.

50 LÍNGUA PORTUGUESA

– UM(NS).

Exemplos: fórum(uns), álbum (uns).

– Vogais U(S) e I(S).

Exemplos: vírus, bônus, Vênus, júri, cáqui, lápis, tênis, álibi.

– Vogais nasais Ã, ÃO.

Exemplos: órfão(s), órgão(s), móveis, órfã(s), ímã(s).

– Ditongo crescente.

Exemplos: glória, série, tênue, gêmeo.

– PS.

Exemplos: bíceps, tríceps, fórceps.

DICA DO APROVADO!

1ª) **Não** se acentuam os prefixos paroxítonos terminados em -r: **super**-homem.

2ª) **Não** se acentuam os vocábulos paroxítonos finalizados em -**ens**: polens, hifens, abdomens. Estas palavras também admitem os respectivos plurais: **pólenes, hífenes, abdômenes**. Também **não** se acentua o vocábulo item, tampouco sua forma pluralizada: itens.

3ª) Alguns gramáticos, entre eles **Celso Cunha**, consideram **proparoxítonos** eventuais os vocábulos terminados em **ditongos crescentes**, tais como **glória, série, sábio, água, tênue, mágoa**.

3) OXÍTONAS

Acentuam-se as oxítonas terminadas em a(s), e(s), o(s), em(ens).

Exemplos: babá, aliás, chimpanzé, inglês, forró, cipós, armazém, reféns.

OBSERVAÇÃO

São igualmente acentuadas as formas verbais terminadas em a, e, o tônicos, seguidas de -lo(s) e -la(s): cortá-lo, animá-las, vendê-lo, fazê-las, convencê-los, dispô--las, propô-los, compô-lo.

Capítulo 2 – Acentuação gráfica 51

4) MONOSSÍLABAS TÔNICAS

Acentuam-se as monossílabas tônicas terminadas em **a(s)**, **e(s)**, **o(s)**.

Exemplos: já, pás, vê, pés, nó, sós.

OBSERVAÇÃO

São igualmente acentuadas as formas verbais terminadas em **a**, **e**, **o** tônicos, seguidas de -**lo(s)** e -**la(s)**: dá-lo, tê-lo, pô-lo.

REGRAS ESPECÍFICAS DE ACENTUAÇÃO

1) DITONGOS ABERTOS "ÉI", "ÓI" E "ÉU"

Grafa-se com acento agudo os **ditongos abertos éi, ói e éu**:
– das **monossílabas tônicas**: réis, rói, dói, céu(s), véu(s).
– das **oxítonas**: fiéis, faróis, chapéu, mundéu, fogaréu, caubói, herói.

ORLANDELI. Disponível em: <http://pribi.com.br/arte/acordo-ortografico-em-quadrinhos>. Acesso em: 28 jun. de 2011.

52 LÍNGUA PORTUGUESA

O novo acordo ortográfico aboliu a acentuação nos ditongos abertos "**ei**" e "**oi**" das palavras **paroxítonas**.

Exemplos: alcateia, plateia, ideia, mocreia, androide, boia, heroico, jiboia.

2) "I" E "U" TÔNICOS

Grafa-se o acento agudo nas vogais "I" e "U" tônicas, desde que estejam sozinhas (ou seguidas de -s) na sílaba e não estejam antecedidas de vogal idêntica.

Exemplos:
faísca: fa – ís – ca
genuíno: ge – nu – í – no
juízes: ju – í – zes
saúde: sa – ú – de
ciúme: ci – ú – me
Grajaú: Gra – ja – ú
Piauí: Pi – au – í

OBSERVAÇÕES

1ª) Nas palavras **paroxítonas**, em que se repetem as vogais "I" e "U", <u>não</u> se usa o acento agudo: madriice, vadiice, xiita, sucuuba.

ATENÇÃO!

Caso a palavra seja **proparoxítona**, deverá ser acentuada.

Exemplos: seriíssimo, feiíssimo.

2ª) O "**I**" tônico, que antecede o grupo "NH", <u>não</u> recebe acento: bai<u>nh</u>a, moi<u>nh</u>o, rai<u>nh</u>a, fui<u>nh</u>a, tai<u>nh</u>a.

3ª) Acentuam-se as vogais "**I**" ou "**U**" **tônicas** (sozinhas ou acompanhadas de -s) antecedidas de ditongo nas palavras **oxítonas**.

Exemplo: tei<u>ú</u>, Pia<u>uí</u>.

Capítulo 2 – Acentuação gráfica 53

ATENÇÃO: NOVO ACORDO ORTOGRÁFICO

ORLANDELI. Disponível em: <http://pribi.com.br/arte/acordo-ortografico-em-quadrinhos>. Acesso em: 28 jun. de 2011.

Segundo o novo acordo ortográfico, **não** se acentuam as vogais "I" e "U" tônicas, antecedidas de ditongo, das palavras paroxítonas.

Exemplos: ba<u>i</u>uca, boca<u>i</u>uva, boiuna, fe<u>i</u>ura, Sa<u>ui</u>pe.

3) PALAVRAS TERMINADAS EM "-OO" E "-EEM"

Segundo o novo acordo ortográfico, **não** se acentuam as palavras terminadas em "-oo" e "-eem".

Exemplos: abençoo, enjoo, doo, magoo, perdoo, voo, creem, deem, leem, veem.

ATENÇÃO: NOVO ACORDO ORTOGRÁFICO

ORLANDELI. Disponível em: <http://pribi.com.br/arte/acordo-ortografico-em--quadrinhos>. Acesso em: 28 jun. de 2011.

CUIDADO!

No singular dos verbos **CRER, DAR, LER** e **VER**, emprega-se o acento circunflexo.

Presente do indicativo	Presente do subjuntivo
Ele crê, lê, vê	(Que) ele dê

4) ACENTOS DIFERENCIAIS

São sinais gráficos que diferenciam:

a) as formas singular e plural dos verbos **TER** e **VIR** – e respectivos derivados. (Regra mantida pelo novo acordo ortográfico)

Exemplos:

TER

Ele **tem** dois carros.
Eles **têm** dois carros.

VIR

Ele **vem** do Rio de Janeiro.
Eles **vêm** do Rio de Janeiro.

MANTER

Ele **mantém** a palavra.
Eles **mantêm** a palavra.

CONVIR

Ele **convém** aos estudantes.
Eles **convêm** aos estudantes.

DETER

Ele **detém** o poder.
Eles **detêm** o poder.

INTERVIR

Ele **intervém** em todas as aulas.
Eles **intervêm** em todas as aulas.

Capítulo 2 – Acentuação gráfica **55**

b) os seguintes **homônimos**: (Regra após o novo acordo ortográfico)

PARA (verbo) ≠ PARA (preposição)

Exemplos:
O motorista **para** o carro rapidamente.
Este motorista trabalha **para** mim.

PELO (substantivo) ≠ PELO (verbo) ≠ PELO (preposição)

Exemplos:
Esse gato tem **pelo** branco.
Ela disse: **pelo** a perna.
O gato saiu **pelo** corredor.

PELA (substantivo) ≠ PELO (verbo) ≠ PELA (preposição)

Exemplos:
Ele é um **pela**.
A moça **pela** a perna.
O gato saiu **pela** janela.

Além dos grupos acima mencionados, perderam acentos as palavras **pera** (substantivo) ≠ **pera** (preposição arcaica) e **polo** (substantivo) ≠ **polo** (preposição arcaica).

Exemplos:
Às sextas-feiras, ele pratica **polo**.
Ele viajou para o **polo** norte.
Antes de dormir, comi uma **pera**.

c) as formas verbais a seguir: (Regra mantida pelo novo acordo ortográfico)

PODE (presente) ≠ PÔDE (pretérito perfeito)

Exemplos:
Ele **pode** assumir o compromisso.
Ele **pôde** assumir o compromisso.

PÔR (verbo) ≠ POR (preposição)

Exemplos:
Era para eu pôr o dinheiro na poupança.
O gato saiu por aqui.

5) TREMA

O novo acordo ortográfico aboliu o emprego do trema (¨).

Exemplos: aguentar, arguir, bilíngue, cinquenta, quinquênio.

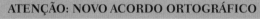

ORLANDELI. Disponível em: <http://pribi.com.br/arte/acordo-ortografico-em-quadrinhos>. Acesso em: 28 jun. de 2011.

Observação: O trema sobre o "u" só permanecerá em nomes estrangeiros, como "Müller" e "mülleriano".

capítulo . 3

Morfologia

CLASSES GRAMATICAIS

A Nomenclatura Gramatical Brasileira elenca **dez** classes gramaticais, a saber: **substantivo, adjetivo, artigo, numeral, pronome, verbo, conjunção, interjeição, preposição** e **advérbio**.

CLASSES VARIÁVEIS E CLASSES INVARIÁVEIS

Para efeitos didáticos, dividir-se-ão as classes gramaticais em **variáveis** e **invariáveis**.

VARIÁVEIS	INVARIÁVEIS
Substantivo	
Adjetivo	Conjunção
Artigo	Interjeição
Numeral	Preposição
Pronome	Advérbio
Verbo	

SUBSTANTIVO

Classe de palavras que nomeia os seres, as qualidades, ações ou estados.

CLASSIFICAÇÃO E FORMAÇÃO

Quanto à classificação e à formação, o substantivo pode ser:

CLASSIFICAÇÃO E FORMAÇÃO

PRÓPRIO	COMUM
Nomeia **um único ser** de uma determinada espécie (**designação específica**). **Ex.:** Londrina, Ester, Brasil. **Observação:** Deve ser grafado, sempre, com letra inicial maiúscula.	Nomeia a **totalidade dos seres** de uma mesma espécie (**designação genérica**). **Ex.:** cidade, mulher, país. **Observação:** Deve ser grafado com inicial minúscula, exceto se estiver em início de frase.

CONCRETO	ABSTRATO
Nomeia seres que **existem independentemente** de outros. **Ex.:** criança, árvore, ar. **Observação:** Seres **mitológicos** ou **imaginários** são concretos (Deus, fada, duende, gnomo, espírito, Afrodite, Homero etc), pois sua existência independe de outros seres.	Nomeia **qualidades, ações** ou **estados** (seres cuja existência **depende** de outros). **Ex.:** bondade, guerra, amor.

PRIMITIVO	DERIVADO
Aquele que **não** provém de outra palavra. **Ex.:** pedra, jornal, homem, casa, livro.	Aquele que **provém de outra palavra**. **Ex.:** pedreiro, jornalista, homenzarrão, casebre, livreiro.

SIMPLES	COMPOSTO
Formado por **apenas um radical**. **Ex.:** pedra, sabão, homem, rã, tempo, pé.	Formado por **dois ou mais radicais**. **Ex.:** pedra-sabão, homem-rã, passatempo, pontapé.

COLETIVO

Nomeia um grupo de seres da mesma espécie. Transmite ideia de plural, mas é grafado no singular.

Ex.: cardume (de peixes), enxame (de abelhas), matilha (de cães), rebanho (de ovelhas) etc.

FLEXÃO DE GÊNERO

Substantivo é uma classe de palavras que varia em gênero, podendo ser:

FLEXÃO DO GÊNERO	
MASCULINO	**FEMININO**
Ex.: menino, aluno, candidato. Observação: O -o é classificado como *vogal temática*.	Ex.: menina, aluna, candidata. Observação: O -a é classificado como *desinência de gênero*.
UNIFORME	**BIFORME**
Apresenta apenas uma forma para representar ambos os gêneros. Subdivide-se em: a) **Sobrecomum:** designa pessoas de ambos os sexos a partir de um só gênero gramatical. Exemplos: o cônjuge; a criança; o carrasco; o indivíduo; o apóstolo; o monstro; a pessoa; a testemunha; o algoz; o verdugo; a vítima; o animal; o cadáver; a criatura; o dedo-duro; o defunto; o gênio; o ídolo; o membro; a personagem; a sentinela; o sósia; etc. b) **Comum-de-dois:** ambos os gêneros gramaticais (masculino e feminino) são expressos por uma só forma. Neste caso, o artigo indicará o gênero dos substantivos. Exemplos: o(a) imigrante; o(a) agente; o(a) intérprete; o(a) lojista; o(a) patriota; o(a) mártir; o(a) viajante; o(a) artista; o(a) aspirante; o(a) atleta; o(a) camelô; o(a) fã; o(a) gerente; o(a) médium; o(a) porta-voz; o(a) xerife; o(a) protagonista; o(a) estudante; etc.	Apresenta duas formas, uma para o masculino, outra para o feminino, com apenas um radical. Exemplos: menino – menina; traidor – traidora; aluno – aluna; freguês – freguesa; cidadão – cidadã; valentão – valentona; profeta – profetisa; mestre – mestra; parente – parenta; etc. Observação: *Heterônimo* é o que apresenta duas formas semanticamente opositivas, sendo uma para o masculino, outra para o feminino, com dois radicais distintos. Exemplos: homem – mulher marido – mulher padrasto – madrasta padrinho – madrinha genro – nora varão – matrona cavalheiro – dama frade – freira frei – sóror (ou soror) bode – cabra

FLEXÃO DO GÊNERO

UNIFORME	BIFORME
c) **Epiceno**: apresenta um só gênero gramatical para designar nomes de animais de ambos os sexos. Para especificar seu gênero, basta acrescentar-lhes os vocábulos **macho** e **fêmea**. **Exemplos:** a girafa (macho/fêmea); a andorinha (macho/fêmea); a águia (macho/fêmea); a cobra (macho/fêmea); o jacaré (macho/fêmea); a onça (macho/fêmea); o sabiá (macho/fêmea); o tatu (macho/fêmea); a anta (macho/fêmea); a arara (macho/fêmea); a borboleta (macho/fêmea); a coruja (macho/fêmea); o crocodilo (macho/fêmea); a girafa (macho/fêmea); etc.	

GÊNERO APARENTE

Há substantivos cujo significado varia de acordo com a mudança de gênero do artigo.

GÊNERO APARENTE	
o caixa (funcionário)	a caixa (recipiente)
o capital (dinheiro)	a capital (sede de governo)
o coma (sono mórbido)	a coma (cabeleireira, juba)
o grama (unidade de massa)	a grama (relva, capim)
o moral (ânimo, brio)	a moral (ética, conclusão)
o cabeça (chefe, líder)	a cabeça (parte do corpo)
o crisma (sacramento religioso)	a crisma (cerimônia)
o cura (sacerdote)	a cura (ato de curar)

GÊNERO APARENTE	
o língua (intérprete)	a língua (músculo, idioma)
o lente (professor)	a lente (instrumento óptico)
o guia (aquele que serve de guia)	a guia (documento, formulário)
OBSERVAÇÃO!	
É importante frisar que o substantivo NÃO muda de gênero, e sim de sentido.	

FLEXÃO DE NÚMERO

Formação do Plural

1) Regra geral

Acrescenta-se o morfema de plural -S.

Ex.: menino – meninos; livro – livros; candidata – candidatas.

2) Regras específicas

Substantivos terminados em AL, EL, OL e UL:

• Troca-se o L por IS.

Exemplos: vogal – vogais; animal – animais; papel – papéis; anel – anéis; paiol – paióis; álcool – álcoois; paul – pauis; azul – azuis; canal – canais; etc.

DICA DO APROVADO!
Atenção ao plural das seguintes palavras: mal – males; cal – cais (ou cales); aval – avais (ou avales); mel – méis (ou meles); cônsul – cônsules; aluguel – aluguéis (ou alugueres).

Substantivos finalizados em –IL:

• Nos oxítonos, troca-se o L por -S.

Exemplos: cantil – cantis; canil – canis; barril – barris.

62 LÍNGUA PORTUGUESA

- Nos paroxítonos e nos proparoxítonos, troca-se o IL por -EIS.

Exemplos: fóssil – fósseis; ágil – ágeis; fácil – fáceis.

DICA DO APROVADO!

As palavras a seguir apresentam duas grafias corretas. Portanto, merecem atenção especial.

Oxítona (acrescenta-se o -s)	Paroxítona (troca-se a terminação -il por -eis)
projetil – projetis reptil – reptis	projétil – projéteis réptil – répteis

Nos substantivos terminados em N, acrescenta-se -S ou -ES.

Exemplos: hífen – hifens (ou hífenes); pólen – polens (ou pólenes); espécimen – espécimens (ou especímenes); abdômen – abdomens (ou abdômenes); gérmen – germens (ou gérmenes); líquen – liquens (ou líquenes).

Substantivos terminados em X: permanecem invariáveis (*a flexão ocorre apenas no determinante*).

Exemplos: o tórax – os tórax; a fênix – as fênix; o clímax – os clímax.

Substantivos terminados em –S:

- Nos monossílabos ou oxítonos: acrescenta-se -ES.

Exemplos: ás – ases; deus – deuses; gás – gases; ananás – ananases; país – países.

Observação: o substantivo CAIS é invariável.

- Nos paroxítonos ou proparoxítonos: não há flexão na palavra (a flexão ocorre apenas no determinante).

Exemplos: o lápis – os lápis; o tênis – os tênis; o atlas – os atlas; o pires – os pires; o vírus – os vírus; o ônus – os ônus.

Capítulo 3 – Morfologia **63**

DICA DO APROVADO!

Alguns substantivos mudam de significado ao mudarem de número.

Exemplos:
Féria (renda) – férias (dias de descanso)
Bem (benefício) – bens (riquezas, propriedades)
Haver (verbo) – haveres (riquezas, bens)
Óculo (espécie de luneta) – óculos (lentes encaixadas em uma armação)

SUBSTANTIVOS USADOS APENAS NO PLURAL

Existem algumas formas substantivas que apresentam apenas a forma pluralizada. Nestes casos, o determinante sempre deve ser usado no plural.

as calças	os parabéns
as costas (parte dorsal)	os arredores
as cuecas	os víveres
as cócegas	os pêsames
as núpcias	os bastidores
as férias	os idos (dias passados)
as condolências	os óculos
as olheiras	os anais
as trevas	ouros (naipe)
as calendas	paus (naipe)
as hemorroidas	espadas (naipe)
as fezes	copas (naipe)

PLURAL DOS NOMES TERMINADOS EM -<u>ÃO</u>

Regra geral: plural com a terminação -ÕES. A seguir, serão demonstrados os mais exigidos em concursos.

ação – ações	ladrão – ladrões

balão – balões	leão – leões
botão – botões	lição – lições
coração – corações	opinião – opiniões
eleição – eleições	questão – questões
fração – frações	reunião – reuniões
feijão – feijões	talão – talões
folião – foliões	verão – verões

– Um reduzido número faz plural com a terminação -ÃES.

alemão – alemães	charlatão – charlatães
bastião – bastiães	escrivão – escrivães
cão – cães	guardião – guardiães
capelão – capelães	pão – pães
capitão – capitães	sacristão – sacristães
catalão – catalães	tabelião – tabeliães

– Alguns oxítonos e monossílabos e todos os paroxítonos terminados em -ÃO fazem plural em -ÃOS.

cidadão – cidadãos	acórdão – acórdãos
cortesão – cortesãos	bênção – bênçãos
cristão – cristãos	órfão – órfãos
irmão – irmãos	órgão – órgãos
pagão – pagãos	sótão – sótãos

– Em alguns casos, há mais de uma forma plural aceitável.

VOCÁBULO	-ÃOS	-ÃES	-ÕES
alão	alãos	alães	alões
aldeão	aldeãos	–	aldeões
anão	anãos	–	anões

VOCÁBULO	-ÃOS	-ÃES	-ÕES
ancião	anciãos	anciães	anciões
castelão	castelãos	–	castelões
charlatão	–	charlatães	charlatões
corrimão	corrimãos	–	corrimões
deão	deãos	deães	deões
ermitão	ermitãos	ermitães	ermitões
guardião	–	guardiães	guardiões
sultão	–	sultães	sultões
verão	verãos	–	verões
vilão	vilãos	–	vilões
vulcão	vulcãos	–	vulcões

PLURAL DOS DIMINUTIVOS

O plural dos nomes diminutivos é obtido suprimindo-se o morfema de plural -S e acrescentando-se o sufixo -ZINHO(AS).

Exemplos:
alemão (sing.), alemães (plural), alemãezinhos (diminutivo plural);
leão (sing.), leões (plural), leõezinhos (diminutivo plural);
pão (sing.), pães (plural), pãezinhos (diminutivo plural);
mulher (sing.), mulheres (plural), mulherezinhas (diminutivo plural);
bar (sing.), bares (plural), barezinhos (diminutivo plural);
flor (sing.), flores (plural), florezinhas (diminutivo plural).

DICA DO APROVADO!

Em diminutivo plural de nomes com S no radical: acrescenta-se somente o sufixo -INHO(S).

Exemplos:
lápis (sing.), lapisinho (dim. sing.), lapisinhos (dim. plural);
chinês (sing.), chinesinho (dim. sing.), chinesinhos (dim. pl.);
japonês (sing.), japonesinho (dim. sing.), japonês (dim. pl.);
parafuso (sing.), parafusinho (dim. sing.), parafusinhos (dim. pl.)

66 LÍNGUA PORTUGUESA

DICA DO APROVADO!
OBSERVAÇÃO!
Alguns substantivos, quando pluralizados, deslocam a sílaba tônica. **Exemplos:** caráter – caracteres; espécimen – especímenes; júnior – juniores; sênior – seniores.

PLURAL METAFÔNICO

Há substantivos que sofrem mudança na pronúncia da vogal tônica, alterando o timbre **fechado** (ô) para **aberto** (ó). É o que se chama de **plural metafônico**.

Exemplos:

(ô fechado)	(ó aberto)
abrolho	abrolhos
aposto	apostos
corno	cornos
corvo	corvos
despojo	despojos
estorvo	estorvos
forno	fornos
forro	forros
miolo	miolos
poço	poços
porto	portos
rogo	rogos
socorro	socorros
troco	trocos

PLURAL DOS NOMES COMPOSTOS

O plural dos nomes compostos pode ser feito de várias maneiras, conforme a classe gramatical a que pertençam os elementos.

Capítulo 3 – Morfologia **67**

Quando ...	Varia(m)				Exemplos
	Primeiro	Último	Todos	Nenhum	
Substantivo + Substantivo			X		abelha-rainha → abelhas-rainhas aluno-mestre → alunos-mestres carta-bilhete → cartas-bilhetes
Substantivo + Adjetivo (e vice-versa)			X		amor-perfeito → amores-perfeitos batata-doce → batatas-doces erva-doce → ervas-doces baixo-relevo → baixos-relevos gentil-homem → gentis-homens
Numeral + Substantivo			X		primeira-dama → primeiras-damas sexta-feira → sextas-feiras meio-dia → meios-dias
O segundo elemento determinar o primeiro (finalidade ou semelhança)	X				banana-maçã → bananas-maçã tubarão-martelo → tubarões-martelo navio-escola → navios-escola mapa-múndi → mapas-múndi salário-família → salários-família decreto-lei → decretos-lei
Verbo + Verbo (reduplicação)			X		pega-pega → pegas-pegas corre-corre → corres-corres pisca-pisca → piscas-piscas
Houver preposição	X				pão de ló → pães de ló mula sem cabeça → mulas sem cabeça pé de moleque → pés de moleque
Quando apenas o primeiro elemento do composto for variável	X				joão-ninguém → joões-ninguém pedra-pomes → pedras-pomes

68 LÍNGUA PORTUGUESA

Quando ...	Primeiro	Último	Todos	Nenhum	Exemplos
		Varia(m)			
Adjetivo + Adjetivo		X			lítero-musical → lítero-musicais luso-brasileira → luso-brasileiras médico-hospitalar → médico-hospitalares *Exceção:* surdo-mudo → surdos-mudos
Sufixos GRÃO e GRÃ (significando 'grande') e BEL (adjetivo 'belo')		X			grão-mestre → grão-mestres grã-duquesa → grã-duquesas bel-prazer → bel-prazeres
Verbo Advérbio Interjeição Prefixo + Substantivo ou Adjetivo			X		beija-flor → beija-flores guarda-roupa → guarda-roupas arranha-céu → arranha-céus sempre-viva → sempre-vivas abaixo-assinado → abaixo-assinados ave-maria → ave-marias vice-diretor → vice-diretores vizo-rei → vizo-reis **Observações!** 1ª) Quando <u>guarda</u> for verbo, permanecerá **invariável**. Exemplos: guarda-chuva → guarda-chuvas guarda-roupa → guarda-roupas
Verbo Advérbio Interjeição Prefixo + Substantivo ou Adjetivo			X		2ª) Quando <u>guarda</u> for substantivo, será **flexionado**. Exemplos: guarda-noturno → guardas-noturnos guarda-municipal → guardas-municipais

Capítulo 3 – Morfologia **69**

Quando ...	Varia(m)				Exemplos
	Primeiro	**Último**	**Todos**	**Nenhum**	
Compostos sem hífen		X			girassol → girassóis pontapé → pontapés
Palavras repetidas ou onomatopaicas		X			reco-reco → reco-recos tique-taque → tique-taques bem-te-vi → bem-te-vis
Verbo + { Pronome ou Advérbio }				X	o cola-tudo → os cola-tudo o ganha-pouco → os ganha-pouco o pisa-mansinho → os pisa-mansinho o bota-fora → os bota-fora
Verbos de sentido contrário				X	o leva-e-traz → os leva-e-traz o perde-ganha → os perde-ganha
Frases substantivadas				X	A Maria vai com as outras → As Maria vai com as outras O bumba meu boi → Os bumba meu boi

---

DICA DO APROVADO!

Alguns nomes compostos admitem mais de uma forma no plural.

Exemplos:
fruta-pão → frutas-pães, frutas-pão
guarda-marinha → guardas-marinhas, guarda-marinhas
salvo-conduto → salvos-condutos, salvo-condutos
xeque-mate → xeques-mates, xeques-mate
chá-mate → chás-mates, chás-mate
papel-moeda → papéis-moedas, papéis-moeda
palavra-chave → palavras-chaves, palavras-chave

ARTIGO

Classe de palavras que antecede o substantivo, demonstrando seu gênero (masculino ou feminino) e número (singular ou plural).

CLASSIFICAÇÃO DO ARTIGO

O artigo pode ser:

CLASSIFICAÇÃO	MASCULINO (singular / plural)	FEMININO (singular / plural)
Definido	o /os	a / as
Indefinido	um / uns	uma / umas

Artigo definido: usado para individualizar um elemento entre tantos da mesma espécie. Pode ser representado por **o, a, os, as**.

Exemplos:
O jornal publicou **a** notícia.
Os trens chegaram atrasados.
Comprei **as** máquinas de lavar.

DICA DO APROVADO!

O artigo definido pode:
– referir-se a uma espécie inteira.

Exemplo:
O limão é fruta ácida. (= Todo limão é ácido)
O ouro é maciço. (= Todo ouro é maciço)

– assumir o valor de pronomes demonstrativo e possessivo.

Exemplos:
Estou partindo no momento para Porto Alegre. (= **este**)
Ficou a semana viajando. (= **esta ou aquela**)
Eu estava com **os** olhos fechados. (= **meus**)
Sempre que encontrava o namorado, a moça tinha o peito em fogo. (= **seu**)

DICA DO APROVADO!

OBSERVAÇÃO

O emprego do artigo definido será facultativo:
– antes dos possessivos adjetivos.

Exemplo:
Amanhã visitarei (o) meu pai.

– antes de nomes próprios (se for empregado, indicará intimidade, familiaridade ou parentesco).

Exemplo:
(A) Maria sempre estuda com (o) Paulo.
Encontrei (a) Denise ontem.

Artigo indefinido: usado para caracterizar com imprecisão qualquer elemento de uma mesma espécie. Pode ser representado por **um, uma, uns, umas.**

Exemplos:
Um jornal publicou **uma** notícia.
Uns trens chegaram atrasados.
Comprei **umas** máquinas de lavar.

DICA DO APROVADO!

Qualquer palavra ficará substantivada se vier antecedida de artigo.

Exemplos:
Os três saíram ontem à noite. (numeral passa a substantivo)
O sonhar move a vida. (verbo passa a substantivo)
Um sim, ou um não. (advérbio passa a substantivo)

OMISSÃO DO ARTIGO

Omite-se o artigo:
– antes de nomes ou expressões de sentido generalizado.

Exemplos:
Tempo é dinheiro.
Amor é sacrifício.
Avareza não é economia.

72 LÍNGUA PORTUGUESA

– antes da palavra *casa*, significando *lar*.

Exemplos:
Não saio de casa aos finais de semana.
Aos finais de semana, fico estudando em casa.

REPETIÇÃO DO ARTIGO

Repete-se o artigo:

– nas oposições entre pessoas e coisas.

Exemplos:
O rico e o pobre fazem parte da sociedade.
A alegria e a tristeza são sentimentos humanos.

– na relação antonímica de um mesmo nome.

Exemplos:
O bom e o mau ladrão.
O homem antigo e o moderno.

Não se repete o artigo:
– com termos sinonímicos indicados pela explicativa "ou".

Exemplo:
A botânica ou fitologia é o ramo da Biologia que estuda as plantas.

– com adjetivos que qualificam o mesmo nome.

Exemplo:
A clara, persuasiva e discreta exposição dos fatos.

DICA DO APROVADO!

Quando o artigo estiver precedido da palavra TODO (*e flexões*), designará **totalidade**; sem o artigo, significará "**qualquer**", "**cada**".

Exemplos:
Toda a nação brasileira foi vacinada contra o vírus H1N1. (= A nação inteira)
Todo veículo deve ser vistoriado. (= qualquer, cada)

Capítulo 3 – Morfologia **73**

ADJETIVO

Classe de palavras que restringe a significação do substantivo, atribuindo-lhe qualidade, estado ou uma condição.

CLASSIFICAÇÃO

Os adjetivos podem ser:

Classificação	Conceito	Exemplos
Restritivos	Atribuem qualidades que podem ser alteradas.	Fogo **alto**, homem **baixo**, pedra **cinza**.
Explicativos	Atribuem qualidades que **não** podem ser alteradas.	Fogo **quente**, homem **mortal**, pedra **dura**.

FLEXÃO DE GÊNERO

Adjetivo é uma classe de palavras que varia em gênero, podendo ser:

Masculino	Feminino
Ex.: bonito, cru, impostor.	Ex.: bonita, crua, impostora.
Observação: O -o (átono final) é classificado como *vogal temática*.	Observação: O -a (átono final) é classificado como *desinência de gênero*.

Uniforme	Biforme
Apresenta **apenas uma forma** para representar ambos os gêneros. Exemplos: carioca, regular, breve, feliz, geral, ruim, incolor, inferior, cortês.	Apresenta **duas formas**, uma para o masculino, outra para o feminino, com apenas um radical. Exemplos: bonito/bonita, bom/boa, cru/crua, impostor/impostora. Observações: 1ª) O vocábulo **trabalhador**, quando é substantivo, tem por feminino **trabalhadora**; quando é adjetivo, **trabalhadeira**. Exemplos: As **trabalhadoras** já vão para as fábricas. As mulheres **trabalhadeiras** sabem quanto lhes custa cuidar bem de uma casa grande.

Uniforme	Biforme
	2ª) Os adjetivos masculinos terminados em "-EU" fazem seus respectivos femininos em "-EIA". **Exemplos:** europeu, europeia; plebeu, plebeia; pigmeu, pigmeia. **Exceções:** judeu, judia; sandeu, sandia. 3ª) Nos terminados em "-ÃO", a mudança se faz para "-OA", "-Ã" ou "-ONA". **Exemplos:** beirão, beiroa; cristão, cristã; chorão, chorona.

FLEXÃO DOS ADJETIVOS COMPOSTOS

Regra geral: somente o último termo se flexiona em gênero e número.

Exemplos:
ciência político-social → ciências político-sociais
consultório médico-cirúrgico → consultórios médico-cirúrgicos
blusa azul-clara → blusas azul-claras
camisa verde-escura → camisas verde-escuras

Exceção: surdo-mudo → surdos-mudos.

DICA DO APROVADO!

Caso o adjetivo composto esteja substantivado, ambos os elementos variarão.
Exemplos:
o verde-escuro → os verdes-escuros
o azul-claro → os azuis-claros

— **Nos compostos indicadores de cor, com auxílio de substantivo, nenhum elemento irá ao plural.**

Exemplos:
camisa rosa-claro → camisas rosa-claro
automóvel azul-bebê → automóveis azul-bebê
terno cinza-chumbo → ternos cinza-chumbo

Capítulo 3 – Morfologia **75**

OBSERVAÇÕES

1ª) Se a cor for indicada por um substantivo, **não** deverá ser flexionada.

Exemplos:
blusa gelo → blusas gelo
camisa vinho → camisas vinho
vestido rosa → vestidos rosa

2ª) São invariáveis os adjetivos compostos **ultravioleta e infravermelho.**

Exemplos:
raio ultravioleta → raios ultravioleta
raio infravermelho → raios infravermelho

GRAUS DO ADJETIVO

O adjetivo pode apresentar-se nos graus **normal, comparativo** e **superlativo.**

Grau normal: é o adjetivo propriamente dito.

Exemplos: feliz, fácil, fiel.

Grau comparativo: divide-se em comparativo de superioridade, igualdade e inferioridade.

Exemplos:
Eu sou **mais** feliz **do que** ele. (comparativo de superioridade)
Eu sou **tão** feliz **quanto** ele. (comparativo de igualdade)
Eu sou **menos** feliz **do que** ele. (comparativo de inferioridade)

DICA DO APROVADO!

No grau comparativo, é possível confrontar características de um mesmo ser.

Exemplos:
Ele é mais feliz do que triste. (comparativo de superioridade)
Ele é tão feliz quanto esperto. (comparativo de igualdade)
Ele é menos feliz do que triste. (comparativo de inferioridade)

OBSERVAÇÃO

Os adjetivos **bom, mau, grande** e **pequeno** têm suas formas sintéticas representadas, respectivamente, pelos adjetivos **melhor, pior, maior** e **menor**. Porém, em comparações feitas entre duas qualidades de um mesmo elemento, devem-se usar as formas analíticas **mais bom, mais mau, mais grande** e **mais pequeno**.

Exemplos:
Edmundo foi condenado, mas tenho certeza de que ele é mais bom do que mau.
Joaquim é mais pequeno do que obeso.

Grau superlativo: divide-se em **relativo** e **absoluto**.

- **Relativo:** subdivide-se em **superioridade** e **inferioridade**.

Exemplos:
Eu sou **o mais** feliz de todos.
(Superlativo relativo de superioridade)

Eu sou **o menos** feliz de todos.
(Superlativo relativo de inferioridade)

- **Absoluto:** subdivide-se em **analítico** e **sintético**.

Exemplos:
Sou **muito feliz**. (superlativo absoluto analítico)
Sou **felicíssimo**. (superlativo absoluto sintético)

SUPERLATIVOS ABSOLUTOS SINTÉTICOS ERUDITOS

Alguns adjetivos no grau superlativo absoluto sintético apresentam a primitiva forma latina, sendo denominados **eruditos**. Eis uma sucinta lista:

Adjetivo	Superlativo absoluto sintético erudito	Adjetivo	Superlativo absoluto sintético erudito
acre	acérrimo	inimigo	inimicíssimo
ágil	agílimo	íntegro	integérrimo
agudo	acutíssimo	jovem	juveníssimo
alto	supremo, altíssimo	livre	libérrimo

Capítulo 3 – Morfologia **77**

Adjetivo	Superlativo absoluto sintético erudito	Adjetivo	Superlativo absoluto sintético erudito
amargo	amaríssimo	magnífico	magnificentíssimo
amigo	amicíssimo	magro	macérrimo
antigo	antiquíssimo	maléfico	malevolentíssimo
benéfico	beneficentíssimo	manso	mansuetíssimo
benévolo	benevolentíssimo	mau	péssimo
célebre	celebérrimo	miúdo	minutíssimo
comum	comuníssimo	nobre	nobilíssimo
cristão	cristianíssimo	pequeno	mínimo
cruel	crudelíssimo	pessoal	personalíssimo
difícil	dificílimo	pobre	paupérrimo
doce	dulcíssimo	pródigo	prodigalíssimo
fácil	facílimo	sábio	sapientíssimo
fiel	fidelíssimo	sagrado	sacratíssimo
frio	frigidíssimo	sério	seriíssimo
geral	generalíssimo	simples	simplicíssimo
grande	máximo, grandessíssimo	soberbo	superbíssimo
humilde	humílimo	terrível	terribilíssimo

LOCUÇÃO ADJETIVA

Expressão equivalente a um adjetivo. Sua estrutura é composta de uma preposição acrescida de um substantivo.

Exemplos:

Locução adjetiva	Adjetivo equivalente	Locução adjetiva	Adjetivo equivalente
de águia	aquilino	de ilha	insular
de aluno	discente	de intestino	celíaco ou entérico

78 LÍNGUA PORTUGUESA

Locução adjetiva	Adjetivo equivalente	Locução adjetiva	Adjetivo equivalente
de anjo	angelical	de inverno	hibernal ou invernal
de ano	anual	de lago	lacustre
de aranha	aracnídeo	de laringe	laríngeo
de asno	asinino	de leão	leonino
de baço	esplênico	de lebre	leporino
de bispo	episcopal	de lobo	lupino
de bode	hircino	de lua	lunar ou selênico
de boi	bovino	de macaco	simiesco, símio
de bronze	brônzeo ou êneo	de madeira	lígneo
de cabelo	capilar	de marfim	ebúrneo ou ebóreo
de cabra	caprino	de mestre	magistral
de campo	campestre ou rural	de monge	monacal
de cão	canino	de neve	níveo ou nival
de carneiro	arietino	de nuca	occipital
de cavalo	equino ou hípico	de orelha	auricular
de chumbo	plúmbeo	de ouro	áureo
de chuva	pluvial	de ovelha	ovino
de cinza	cinéreo	de paixão	passional
de coelho	cunicular	de pâncreas	pancreático
de cobre	cúprico	de pato	anserino
de couro	coriáceo	de peixe	písceo ou ictíaco
de cinza	cinéreo	de paixão	passional
de coelho	cunicular	de pâncreas	pancreático
de cobre	cúprico	de pato	anserino
de couro	coriáceo	de peixe	písceo ou ictíaco
de criança	pueril	de pombo	columbino

Capítulo 3 – Morfologia **79**

Locução adjetiva	Adjetivo equivalente	Locução adjetiva	Adjetivo equivalente
de dedo	digital	de porco	suíno ou porcino
de diamante	diamantino ou adamantino	de prata	argênteo ou argírico
de elefante	elefantino	de professor	docente
de enxofre	sulfúrico	dos quadris	ciático
de esmeralda	esmeraldino	de raposa	vulpino
de estômago	estomacal ou gástrico	de rio	fluvial
de falcão	falconídeo	de serpente	viperino
de farinha	farináceo	de sonho	onírico
de fera	ferino	de terra	telúrico, terrestre ou terreno
de ferro	férreo	de trigo	tritício
de fígado	hepático	de urso	ursino
de fogo	ígneo	de vaca	vacum
de gafanhoto	acrídeo	de velho	senil
de garganta	gutural	de vento	eólico
de gelo	glacial	de verão	estival
de gesso	gípseo	de vidro	vítreo ou hialino
de guerra	bélico	de virilha	inguinal
de homem	viril	de visão	óptico

NUMERAL

É a classe de palavras que quantifica numericamente os seres ou sua sequência.

CLASSIFICAÇÃO

O numeral pode ser:

80 LÍNGUA PORTUGUESA

CLASSIFICAÇÃO	CONCEITO	EXEMPLOS
Cardinal	Indica uma quantidade exata de seres ou objetos.	Há **vinte** vagas no concurso.
Ordinal	Indica a ordem exata em uma sequência de seres ou objetos.	Ele foi o **vigésimo** colocado no concurso.
Multiplicativo	Indica por quantas vezes uma quantidade se multiplica.	Os investidores lucraram o **quíntuplo** do capital investido.
Fracionário	Indica em quantas partes uma quantidade se divide.	Os investidores só recuperaram a **quinta parte** das ações compradas.

DICA DO APROVADO!

1ª) **Ambos** é numeral cardinal, pois substitui a expressão **os dois**. Sempre que estiver anteposto a um nome, deverá ser usado com artigo posposto.

Exemplos: **Ambos os** candidatos passaram no concurso. (= **Os dois**)

Ambas as mães foram à reunião na escola. (= **As duas**)

2ª) **Último, penúltimo, antepenúltimo** são classificados como **numerais ordinais**.

Exemplos: Ele foi o **último** colocado na corrida.

Joana foi a **antepenúltima** a entregar a prova.

LISTA DOS NUMERAIS

MULTIPLICATIVOS	FRACIONÁRIOS
duplo ou dobro	meio ou metade
triplo	terço
quádruplo	quarto
quíntuplo	quinto
sêxtuplo	sexto
séptuplo	sétimo
óctuplo	oitavo
nônuplo	nono
décuplo	décimo
undécuplo	undécimo ou onze avos
duodécuplo	duodécimo ou doze avos
cêntuplo	centésimo

Capítulo 3 – Morfologia **81**

EMPREGO DOS NUMERAIS

– Na designação de **séculos, reis, papas, príncipes, imperadores, capítulos de obras, festas, feiras,** utilizam-se **algarismos romanos**, devendo:

  – usar o ordinal até o décimo.

Exemplos:
capítulo III = capítulo terceiro
século V = século quinto
D. João I = D. João primeiro
Paulo VI = Paulo sexto
Papa João Paulo II = Papa João Paulo segundo

  – usar o cardinal para os demais.

Exemplos:
capítulo XIII = capítulo treze
século XIX = século dezenove
Luís XIV = Luiz quatorze
Papa João XXIII = Papa João vinte e três

DICA DO APROVADO!

Se o numeral estiver **anteposto ao substantivo**, será lido, sempre, como **ordinal**.

Exemplos:
XXXVIII Feira Agropecuária = Trigésima oitava Feira Agropecuária
II Bienal do Livro = Segunda Bienal do Livro

– Na **numeração de artigos de leis, decretos e portarias** deve-se:

  – usar o ordinal até nove

Exemplos:
Artigo 1º (primeiro)
Artigo 9º (nono)

  – usar o cardinal de dez em diante.

82 LÍNGUA PORTUGUESA

Exemplos:
Artigo 10 (dez)
Artigo 21 (vinte e um)

PRONOME

É a classe de palavras que serve para **representar** (pronome substantivo) ou **acompanhar** (pronome adjetivo) um **substantivo**, determinando-lhe a extensão do significado.

Exemplos:
Meu pai foi um homem de bem. (*pronome adjetivo*)
Essa porta está trancada. (*pronome adjetivo*)
Meu carro é igual ao **seu**. (*pronome substantivo*)
Aquela porta, João tentou abri-la, mas não conseguiu. (*pronome substantivo*)

CLASSIFICAÇÃO DOS PRONOMES

Os pronomes podem ser:

CLASSIFICAÇÃO	CONCEITO
Pessoais	Designam as pessoas do discurso.
	1ª: **eu** (singular) / **nós** (plural)
	2ª: **tu** (singular) / **vós** (plural)
	3ª: **ele** (singular) / **eles** (plural)
	Dividem-se em:
	Retos: funcionam, geralmente, como sujeito na oração.
	Exemplos:
	Nós saímos de casa.
	Ele foi um grande poeta romântico.
	Oblíquos: desempenham o papel de complemento da oração.
	Exemplos:
	Desculpem-**me**.
	Não **o** conheço.

Capítulo 3 – Morfologia **83**

CLASSIFICAÇÃO	CONCEITO
De tratamento	Empregados no trato com as pessoas, familiar ou respeito-samente. Exemplos: **Vossa Santidade** procedeu à missa. **Vossa Excelência** assinou o decreto.
Possessivos	Indicam posse, em relação às pessoas do discurso. 1ª: **meu(s), minha(s), nosso(s), nossa(s)** 2ª: **teu(s), tua(s), vosso(s), vossa(s)** 3ª: **seu(s), sua(s)** Exemplos: Aqueles óculos são **meus**. Os livros são **seus**?
Demonstrativos	Situam os seres no tempo e no espaço (função dêitica ou díc-tica) ou referem-se aos elementos do texto (função anafórica ou catafórica). 1ª: **quem** fala (emissor) – ESTE (e flexões) 2ª: **com quem** se fala (receptor) – ESSE (e flexões) 3ª: **de que** ou **de quem** se fala (assunto) – AQUELE (e flexões) Exemplos: **Esta** caneta é do curso. (A caneta está próxima de quem fala) **Essa** caneta é sua. (A caneta está próxima com quem se fala) **Aquela** caneta é da Samara (A caneta está próxima de quem se fala) Azul e verde, **essas** são as cores de que mais gosto. (função anafórica) **Estas** são as cores de que mais gosto: azul e verde. (função catafórica)
Indefinidos	Designam, de forma vaga ou imprecisa, um ser ou objeto. Exemplos: **Alguém** bateu à porta. **Todos** se prontificaram a colaborar.
Interrogativos	Usados em perguntas diretas ou indiretas. Exemplos: **Quem** fez tal acusação? **Qual** é seu nome? Não sei **quem** fez tal acusação. Gostaria de saber **qual** é seu nome.

CLASSIFICAÇÃO	CONCEITO
Relativos	Substituem um termo comum a duas orações, estabelecendo uma relação de subordinação entre elas. Sempre iniciam **orações subordinadas adjetivas.** **Exemplos:** Encontrei o garoto. Você estava procurando o garoto. Encontrei o garoto **que** você estava procurando. Antipatizei com o rapaz. Você conhece a namorada do rapaz. Antipatizei com o rapaz **cuja** namorada você conhece.

PRONOMES PESSOAIS

Designam as três pessoas do discurso. Podem ser:

PRONOMES RETOS

São as pessoas gramaticais, que funcionam, geralmente, como sujeito da oração.

1ª: **eu** (singular) / **nós** (plural)

2ª: **tu** (singular) / **vós** (plural)

3ª: **ele** (singular) / **eles** (plural)

Exemplos:

Ontem **eu** estudei muito. (sujeito)

Tu serás aprovado no concurso. (sujeito)

Nós seremos aprovados. (sujeito)

Ele foi aprovado. (sujeito)

DICA DO APROVADO!

Os pronomes retos EU e TU _sempre_ exercerão a função de sujeito.

Exemplos: Eu fui ao curso ontem.
Tu serás aprovado no concurso.

Os pronomes ELE/ELA, NÓS, VÓS, ELES/ELAS, além da função de sujeito, podem exercer outras funções sintáticas.

Exemplos:
Eles terminaram a prova há pouco. (sujeito)
É necessário entregar a prova **a eles**. (objeto indireto)

Capítulo 3 – Morfologia **85**

PRONOMES OBLÍQUOS

São os pronomes que <u>sempre</u> desempenham o papel de complemento da oração.

Exemplos:
Não **o** conheço. (*objeto direto*)
Não deram o devido valor **a ti**. (*objeto indireto*)
Aquele concurso é essencial **a mim**. (*complemento nominal*)

Por sua vez, os pronomes oblíquos subdividem-se em:

ÁTONOS: São desprovidos de acento tônico e <u>não</u> **são antecedidos por preposição**. Os pronomes oblíquos átonos são os seguintes: **me, te, se, o(s), a(s), lhe(s), nos, vos.**

Exemplos:
Entregue-**me** o documento.
Ao guarda, os cidadãos devem obedecer-**lhe**.

TÔNICOS: Possuem acento tônico e **sempre são precedidos por preposição**. Os pronomes oblíquos tônicos sempre funcionam como complementos, sendo representados por **mim, comigo, ti, contigo, ele, ela, si, consigo, nós, conosco, vós, convosco, eles, elas.**

Exemplos:
Entregue o documento **a mim**.
Ao guarda, os cidadãos devem obedecer **a ele**.

As formas pronominais **comigo, contigo, consigo** (exclusivamente reflexivo), **conosco** e **convosco** apresentam-se aglutinadas à preposição **com**.

Exemplos:
Ela foi ao teatro **comigo**.
Quê! Ela foi ao teatro **contigo**?
Gilberto trouxe **consigo** os três irmãos.
Suzana irá **conosco** ao teatro.

86 LÍNGUA PORTUGUESA

DICA DO APROVADO!

Se as formas pronominais tônicas **conosco** e **convosco** forem ampliadas pelos determinativos **outros, todos, mesmos, próprios, numerais, substantivos** ou oração subordinada adjetiva, a construção correta será **com nós, com vós**.

Exemplos:
Estás contente **com nós todos**.
Isto aconteceu **com vós próprios**.
Irás à praia **com nós** que sabemos nadar.
Ele conversou **com nós todos** a respeito de seus problemas.
Ele disse que sairia **com nós dois**.

FIQUE DE OLHO!

A banca pode elaborar a seguinte "pegadinha":

Ela veio **com nós** todos os dias. (**errado**)

No exemplo acima, o vocábulo "todos" não determina a expressão "com nós". No contexto apresentado, "todos" faz parte da locução "todos os dias". Desta forma, a construção correta seria:

Ela veio **conosco** todos os dias.

As formas pronominais **si** e **consigo** são **exclusivamente reflexivas**, ou seja, só podem ser usadas em relação ao próprio sujeito da oração.

Exemplos:
Ela é muito egoísta: só pensa em **si**.
Quem só pensa em **si**, acaba ficando sozinho.
Gilberto trouxe **consigo** os três irmãos.
O advogado nada trouxe **consigo**.

EMPREGO DOS PRONOMES PESSOAIS (EU E TU – MIM E TI)

Os pronomes **eu** e **tu**, normalmente, não podem vir regidos de preposição. Neste caso, empregam-se os pronomes oblíquos **mim** e **ti**.

Exemplos:
Deram o doce para **mim**.
Entre **mim** e **ti** está tudo acabado.

Empreste o livro para **mim**.
Nada mais há entre **mim** e **ti**.
Nada houve entre **mim** e **ti**.
Todos ficaram contra o juiz e **mim**.
Semana que vem, vocês estarão sem **mim**.

CUIDADO!

Atenção à inversão da estrutura direta da frase.
(sujeito + verbo + complemento).

Exemplos:
Para **eu**, estudar isso é fácil. (errado)
Para **mim**, estudar isso é fácil. (correto)

Na ordem direta, **tem-se** "Estudar isso é fácil para **mim**".

É impossível para **eu** ir à sua festa. (errado)
É impossível para **mim** ir à sua festa. (correto)

Na ordem direta, **tem-se** "Ir à sua festa é impossível para **mim**".

Quando os pronomes **eu** e **tu** forem **sujeitos**, admitir-se-á seu emprego, mesmo após preposições.

Exemplos:
Deram o doce para **eu** comer.
Entre **eu** pedir e você entender há uma grande diferença.
Chegou uma ordem para **tu** viajares.
Trouxe um livro para **tu** leres.

DICA DO APROVADO!

Empregam-se as formas oblíquas **mim** e **ti** após a preposição **até**.
Exemplo:
A moça veio até **mim**.
A moça veio até **ti**.
Porém, se o vocábulo **até** denotar **inclusão**, empregam-se **eu** e **tu**.
Exemplo:
Todos passarão no concurso, até **eu**. (até= inclusive)
Todos passarão no concurso, até **tu**. (até= inclusive)

88 LÍNGUA PORTUGUESA

Os **pronomes do caso reto** não funcionam como objeto. Para esta função, empregam-se, normalmente, os pronomes do caso oblíquo.

> **Exemplos:**
> Vou pôr **ele** a par do assunto. (errado)
> Vou pô-**lo** a par do assunto. (correto)
> Não vi **ela**. (errado)
> Não **a** vi. (correto)

> ### DICA DO APROVADO!
>
> Precedido de **todo** e **só**, o pronome **ele** (ou variações) pode ocorrer como **complemento**.
>
> **Exemplos:**
> Recomendei **só ele**.
> Convocaram **todas elas**.
> "E que tinha ele feito de sua vida? Nada. Levara **toda ela** atrás da miragem de estudar a pátria..." (*Lima Barreto*)

Quando o pronome **ele** (e variações) exercer a função de **sujeito**, <u>não</u> haverá a combinação com a preposição **de**.

> **Exemplos:**
> É hora **da** onça beber água. (errado)
> É hora **de a** onça beber água. (correto)
> Chegou a hora **do** senador falar a verdade. (errado)
> Chegou a hora **de o** senador falar a verdade. (correto)
> O fato **das** ruas estarem molhadas acarretou vários acidentes. (errado)
> O fato **de as** ruas estarem molhadas acarretou vários acidentes. (correto)

As formas pronominais **o, a, os, as** são empregadas também para representar um substantivo que funciona como complemento direto (objeto direto) do verbo.

> **Exemplos:**
> Vi a **diretora**. (= Vi-a.)
> Não escrevi **os memorandos**. (= Não **os** escrevi.)

Capítulo 3 – Morfologia   **89**

A forma **lhe(s)** representa substantivos regidos das preposições **a** ou **para**.

> **Exemplo:**
> Emprestei o livro **ao aluno**. (=Emprestei-**lhe** o livro)
> Emprestei o livro **para o aluno**. (=Emprestei-**lhe** o livro)

VERBOS, PRONOMES E CORRELAÇÕES

1ª) Se o verbo for finalizado em -**m**, -**ão** ou -**õe**, os pronomes **o(s)**, **a(s)** transformar-se-ão em **no(s)**, **na(s)**, respectivamente.

> **Exemplos:**
> Quando encontrarem o material, tragam-**no** até mim.
> (tragam + o = tragam-no)
>
> Sempre que meus pais têm roupas velhas, dão-**nas** aos pobres.
> (dão + as = dão-nas)

2ª) Se a forma verbal terminar em **r**, **s** ou **z**, essas terminações serão retiradas, e os pronomes **o(s)**, **a(s)** mudarão para –**lo(s)**, -**la(s)**, respectivamente.

> **Exemplos:**
> Quando encontrarem as apostilas, deverão trazê-**las** até mim.
> (trazer + as = trazê-las)
>
> As garotas ingênuas, o conquistador sedu-**las** com facilidade.
> (seduz + as = sedu-las)
>
> Os estudantes temiam o novo diretor e resolveram desafiá-**lo**.
> (desafiar + o = desafiá-lo)

3ª) Se a forma verbal terminar em -**mos**, seguido de **nos** ou de **vos**, retira-se a terminação -**s**.

> **Exemplos:**
> Encontramo-**nos** ontem à noite.
> (encontramos + nos = encontramo-nos)

Recolhemo-**nos** cedo todos os dias.
(recolhemos + nos = recolhemo-nos)

4ª) Se o verbo for transitivo indireto terminado em -s, seguido de **lhe(s)**, mantém-se a terminação -s.

Exemplos:
Obedecemos-**lhe** cegamente.
(obedecemos + lhe = obedecemos-lhe)

Tu obedeces-**lhe**?
(obedeces + lhe = obedeces-lhe)

PRONOMES DE TRATAMENTO

São pronomes empregados no trato com as pessoas, familiar ou respeitosamente.

Tratamento	Abreviatura	Para
Vossa Excelência	V. Exa.	altas autoridades e oficiais-generais
Vossa Magnificência	V. Magª.	reitores de universidades
Vossa Alteza	V. A.	príncipes e duques
Vossa Majestade	V. M.	reis e imperadores
Vossa Reverendíssima	V. Revᵐᵃ.	monsenhores, cônegos, superiores religiosos e sacerdotes
Vossa Eminência	V. Emª.	cardeais
Vossa Santidade	V. S.	papa
Vossa Senhoria	V. Sª.	demais autoridades e particulares

Os pronomes de tratamento representam a **2ª pessoa do discurso** (**com quem se fala**), porém toda a concordância deve ser feita com a **3ª** pessoa (**singular ou plural**).

Exemplos:
Vossa Excelência saiu com **vossos** assessores. (errado)

Vossa Excelência saiu com **seus** assessores. (correto)
Vossa Majestade e **vossos** súditos venceram a guerra. (errado)
Vossa Majestade e **seus** súditos venceram a guerra. (correto)

DICA DO APROVADO!

Usa-se VOSSA quando se conversa diretamente com a pessoa (com quem se fala),
e SUA, quando falamos da pessoa (de quem se fala).
Exemplos:
<u>Vossa</u> Excelência discursou bem. (**com quem se fala**)
<u>Sua</u> Excelência, a presidente Dilma, discursou bem. (**de quem se fala**)

UNIFORMIDADE DE TRATAMENTO

O pronome **você** é de **tratamento informal** e designa a **2ª pessoa do discurso** (**com quem se fala**), ainda que o verbo com ele concorde na forma de **3ª pessoa**. Considera-se erro a falta de correlação dos respectivos pronomes possessivos e verbos.

Exemplo:
Você sabe de **vossas** condições. (errado)
Você sabe de **suas** condições. (correto)

Se **você** chegar cedo, eu vou **te** ajudar. (errado)
Se **você** chegar cedo, eu vou ajudá-**lo**. (correto)

Se **você** vier à festa, traz **seu** irmão. (errado)
Se **você** vier à festa, traga **seu** irmão. (correto)

Vem para a Caixa **você** também. (errado)
Venha para a Caixa **você** também. (correto)

O pronome **tu** designa a **2ª pessoa** (**com quem se fala**), devendo seus **verbos** e **pronomes possessivos ser empregados em 2ª pessoa**. Considera-se erro a falta de correlação entre os pronomes possessivos e os pessoais e os respectivos verbos.

Exemplos:
Tu sabe de **suas** condições. (errado)
Tu sabes de **tuas** condições. (correto)

Se **tu chegar** cedo, eu vou ajudá-lo. (errado)
Se **tu chegares** cedo, eu vou **te** ajudar. (correto)

Se **tu** vieres à festa, traga **teu** irmão. (errado)
Se **tu** vieres à festa, traz **teu** irmão. (correto)

Venha para a Caixa **tu** também. (errado)
Vem para a Caixa **tu** também. (correto)

DICA DO APROVADO!

Deve-se ter cuidado com o sujeito elíptico ou desinencial.
Exemplo:
Se vieres à festa, traz teu irmão. (**sujeito elíptico = tu**)

PRONOMES POSSESSIVOS

São aqueles que indicam **posse**, em relação às três pessoas do discurso. São eles:

1ª pessoa: **meu(s)**, **minha(s)**, **nosso(s)**, **nossa(s)**
2ª pessoa: **teu(s)**, **tua(s)**, **vosso(s)**, **vossa(s)**
3ª pessoa: **seu(s)**, **sua(s)**

Exemplos:
Aqueles óculos são **meus**.
Os livros são **seus**?

EMPREGO DOS PRONOMES POSSESSIVOS

O emprego dos possessivos de terceira pessoa **seu(s)**, **sua(s)** pode gerar ambiguidade na frase.

Exemplo:
José, Pedro levou o seu chapéu. (frase ambígua)
João ficou com Maria em sua casa. (frase ambígua)

Para evitar esse vício de linguagem, colocam-se os termos reforçativos **dele(s)**, **dela(s)**, ou troca-se o possessivo por esses elementos.

Exemplos:

José, Pedro levou o seu chapéu dele. (o chapéu é de Pedro)
José, Pedro levou o chapéu dele. (o chapéu é de Pedro)
João ficou com Maria em sua casa dela. (A casa pertence a Maria)
João ficou com Maria na casa dela. (A casa pertence a Maria)

É dispensável o emprego dos pronomes possessivos diante de partes do próprio corpo, peças de vestuário e faculdades de espírito. Nesses casos, o artigo já transmite a ideia de posse.

Exemplos:

Amanhã, irei cortar **os** cabelos. (=**seus**)
Vou lavar **as** mãos. (=**suas**)
Menino! Cuidado para não machucar **os** pés! (= **seus**)
Rapei a cabeça. (=**minha**)
Perdi **os** sentidos. (=**meus**)

VALORES DOS PRONOMES POSSESSIVOS

Além da ideia de posse, os pronomes possessivos podem adquirir matizes semânticos.

– **Afeto, cortesia, deferência, submissão, ou ironia.**

Exemplos:

Meu prezado amigo.
Meus senhores e **minhas** senhoras!
Meu coronel, os soldados estão prontos!
Meu tolo, não vês que estou brincando?

– **Redução familiar da forma de tratamento "senhor".**

Exemplos:

Ande, **seu** diplomático, continue!
Está ouvindo, **seu** Ricardo?

– **Aproximação**

Exemplo:

Ele já deve ter **seus** sessenta anos. (=aproximadamente)

PRONOMES DEMONSTRATIVOS

São aqueles que situam os seres no tempo e no espaço, em relação às pessoas do discurso. São os pronomes **isto, isso, aquilo, este(s), esse(s), aquele(s), esta(s), essa(s), aquela(s).**

Exemplos:
Esta caneta é do curso. (A caneta está próxima de quem fala)
Essa caneta é sua. (A caneta está próxima com quem se fala)
Aquela caneta é da Samara. (A caneta está próxima de quem se fala)

EMPREGO DOS PRONOMES DEMONSTRATIVOS

— Emprega-se **esse, essa, isso** (referência anafórica) para situar o que já foi expresso.

Exemplos:
É preciso ler um pouco mais: **esse** é o problema fundamental.
Existe a violência, porque a sociedade a permitiu. A verdade é **essa**.
Azul e verde, **essas** são as cores de que mais gosto.

— Emprega-se **este, esta, isto** (referência catafórica) para situar o que ainda será expresso.

Exemplos:
O problema fundamental é **este**: preciso ler um pouco mais.
Esta é a verdade: existe a violência, porque a sociedade a permitiu.
As cores de que mais gosto são **estas**: azul e verde.

DICA DO APROVADO!

Existe a **função endofórica**, que se subdivide em:

Anafórica: emprega-se o pronome demonstrativo para lembrar ao ouvinte o que já foi citado no texto.

Exemplos:
Criar os filhos como dois príncipes: o mal foi **esse**.
Azul e **verde**: essas são as cores de que mais gosto.

Catafórica: ocorre quando o pronome demonstrativo é empregado para introduzir o que ainda será mencionado.

Capítulo 3 – Morfologia **95**

DICA DO APROVADO!

Exemplos:
O mal foi **este**: criar os filhos como dois príncipes.
As cores de que mais gosto são **estas**: azul e verde.
Existe, também, a função dêitica, que é a capacidade de indicar um ser ou objeto sem nomeá-lo. Nesta função, emprega-se o pronome **aquele (e variações)**.
Exemplos:
Aquela época foi fantástica.
Praticam-se **aqueles** crimes não só no Brasil mas também no exterior.

– Emprega-se **este, esta, isto** em referência a um termo imediatamente anterior.

Exemplos:
O fumo é prejudicial à saúde, e **esta** (saúde) deve ser preservada.
Quando interpelei Roberval, **este** (Roberval) assustou-se inexplicavelmente.

– Para estabelecer a diferença entre dois elementos anteriormente citados, emprega-se **este(s)**, **esta(s)** e **isto,** em relação ao que foi mencionado por último, e **aquele(s)**, **aquela(s)**, **aquilo**, em relação ao que foi nomeado em primeiro lugar.

Exemplos:
Gosto muito de Química e de Física. **Esta** é muito interessante; **aquela** me traz algumas dificuldades.

Botafogo e Palmeiras têm seus times de futebol: **aquele** é campeão carioca e **este**, campeão paulista.

Os filmes brasileiros não são tão respeitados quanto as novelas, mas eu prefiro **aqueles** a **estas**.

José de Alencar e Machado de Assis são importantes escritores brasileiros; **este** escreveu Dom Casmurro; **aquele**, Iracema.

DICA DO APROVADO!

Além da localização no contexto linguístico, os pronomes demonstrativos podem, ainda, indicar **marcação temporal.**

– **Este, esta** e **isto** indicam tempo presente em relação ao falante.

96 LÍNGUA PORTUGUESA

DICA DO APROVADO!

Exemplo:
Este ano pretendo mudar para Fortaleza.

– Esse, essa e isso indicam o tempo passado ou o futuro próximos em relação ao falante.

Exemplo:
Esses anos passados foram nulos em termos de concursos públicos.

– Aquele(s), aquela(s) e aquilo indicam tempos muito distantes em relação ao falante.

Exemplo:
Naquela época eu praticava esporte.

– Os pronomes oblíquos **o, a, os, as** equivalerão a **aquele(s), aquela(s), aquilo** quando estiverem apostos ao pronome relativo **que** e à preposição **de**.

Exemplos:
Não concordo com o que ele falou. (=aquilo)
Tudo o que aconteceu foi um equívoco. (=aquilo)
Sua camisa é igual à da vitrine. (a = preposição + a = pronome demonstrativo **aquela**).

– Os pronomes oblíquos **o, a, os, as** também podem aparecer sozinhos. Neste caso, equivalerão a **isto, isso** e **aquilo**.

Exemplo:
O aluno me pediu para ir ao banheiro, e o fiz. (=aquilo)

EMPREGO DOS PRONOMES DEMONSTRATIVOS (Síntese)			
Pronome	**Este, Esta, Isto**	**Esse, Essa, Isso**	**Aquele, Aquela, Aquilo**
Localização espacial	Próximo a quem fala.	Próximo a com quem se fala.	Próximo a de quem se fala.
	Esta caneta é do curso.	Essa caneta é sua.	Aquela caneta é da Samara.

EMPREGO DOS PRONOMES DEMONSTRATIVOS
(Síntese)

Pronome	Este, Esta, Isto	Esse, Essa, Isso	Aquele, Aquela, Aquilo
Marcação temporal	Tempo presente em relação ao falante.	Tempo passado ou futuro próximos em relação ao falante.	Tempos muito distantes em relação ao falante.
	Este ano pretendo mudar para Fortaleza.	**Esses** anos passados foram nulos em termos de concursos públicos.	**Naquela** época eu praticava esporte.
Referência textual	Para situar o que ainda será mencionado (função catafórica).	Para situar o que já foi mencionado (função anafórica).	Para situar o que foi mencionado primeiramente
	O problema fundamental é **este**: preciso ler um pouco mais.	É preciso ler um pouco mais: **esse** é o problema fundamental.	Gosto muito de Química e de Física. **Esta** é muito interessante; **aquela** me traz algumas dificuldades.

PRONOMES INDEFINIDOS

Referem-se a um ser ou objeto de forma vaga ou indeterminada.

> **Exemplos:**
> **Alguém** bateu à porta.
> Serão inúteis **quaisquer** esforços.
> **Todos** se prontificaram a colaborar.
> **Muitos** são os chamados, **poucos** os escolhidos.
> Queremos **menos** conversa e **mais** ação.

EMPREGO DOS PRONOMES INDEFINIDOS

TODO

– Significando **inteiro**: deve ser usado com artigo, se o substantivo o aceitar.

98 LÍNGUA PORTUGUESA

Exemplos:
Fiquei **todo o** dia em casa. (O dia inteiro)
Todo ele ficou machucado. (Todo equivale a inteiro, mas o pronome *ele* não admite artigo)

– Significando **cada** ou **todos** <u>não</u> terá artigo, ainda que o substantivo exija.

Exemplos:
Fiquei **todo** dia em casa. (Todos os dias)
Todos vocês merecem respeito. (Todo o grupo)

ALGUM

– Anteposto ao substantivo, assume sentido afirmativo.

Exemplo:
Algum amigo o ajudará. (Alguém)

– Posposto ao substantivo, assume sentido negativo.

Exemplo:
Amigo **algum** o ajudará. (Amigo nenhum)

DICA DO APROVADO!

A classificação gramatical dos vocábulos **certo, muito, pouco** e **bastante** dependerá do contexto em que estiverem inseridos.

CERTO (e variações)

– Anteposto a substantivos, será pronome indefinido.

Exemplo:
Certas pessoas não se preocupam com os demais. (pronome indefinido)

– Posposto a substantivos, será adjetivo.

Exemplos:
As pessoas **certas** sempre nos ajudam. (adjetivo)
<u>Certos</u> políticos nem sempre são os políticos <u>certos</u>.
pron. indef.   adjetivo

Capítulo 3 – Morfologia **99**

DICA DO APROVADO!
MUITO

– Será **pronome indefinido** quando se relacionar a nomes.

Exemplos:
Bebi **muito** suco ontem.
Tenho **muitos** afazeres.
Compareceram **muitas** pessoas ao parque.

– Será **advérbio** quanto se relacionar a adjetivos, verbos e advérbios. Portanto, será invariável.

Exemplos:
Bebi **muito** ontem.
As moças são **muito** bonitas.
Eles são **muito** tranquilos.

POUCO

– Será **pronome indefinido** quando se relacionar a nomes.

Exemplos:
Comprei **poucos** legumes.
Compareceram **poucas** pessoas à festa.

– Será **advérbio** quando se relacionar a adjetivos, verbos e advérbios. Portanto, será invariável.

Exemplos:
Choveu **pouco** ontem.
Aquelas moças são **pouco** bonitas.

BASTANTE

– Será **pronome indefinido** quando anteceder nomes.

Exemplos:
Havia **bastantes** pessoas na festa.
Comprei **bastantes** frutas.
Tenho **bastantes** novidades.

– Será **adjetivo** quando estiver posposto a nomes. Nesse caso, equivalerá a **suficiente(s)**.

Exemplos:
Havia pessoas **bastantes** na festa.
Comprei frutas **bastantes**.

– Será **advérbio** quando se relacionar a adjetivos, verbos e advérbios. Portanto, será invariável.

Exemplos:
Choveu **bastante** ontem.
As moças são **bastante** bonitas.

PRONOMES INTERROGATIVOS

Referem-se a um ser ou objeto de maneira vaga, sendo usados em perguntas diretas ou indiretas.

Pergunta direta: aquela terminada com o ponto de interrogação.

Exemplo:
Quem foi o melhor jogador de futebol do Brasil?
Qual sua colocação no concurso?

Pergunta indireta: aquela não terminada com ponto de interrogação.

Exemplos:
Não sei **quem** foi o melhor jogador de futebol do Brasil.
Gostaria de saber **qual** sua colocação no concurso.

PRONOMES RELATIVOS

Referem a um termo anterior, chamado antecedente, estabelecendo uma relação de subordinação entre as orações (iniciam as orações subordinadas adjetivas).

Os pronomes relativos são:

QUE
Empregado com o intuito de substituir um substantivo (pessoa ou coisa), evitando sua repetição na frase.

Exemplos:
Roubaram a peça **que** (= *a peça*) era rara no Brasil.
Encontrei o garoto **que** (= *o garoto*) você estava procurando.
Eu vi o rapaz **que** (= *o rapaz*) era seu amigo.
Nós assistimos ao filme **que** (= *o filme*) vocês perderam.

OBSERVAÇÃO!

O pronome **que** sempre pode ser substituído por **o qual** (e flexões). O gênero e o número do artigo são determinados pelo antecedente substituído.

Capítulo 3 – Morfologia **101**

OBSERVAÇÃO!

Exemplos:
Roubaram a peça a qual era rara no Brasil.
Encontrei o garoto o qual você estava procurando.
Eu vi o rapaz o qual era seu amigo.
Nós assistimos aos filmes os quais vocês perderam.

QUAL *(e variações)*

Este pronome tem o mesmo valor de **que** e de **quem**. Refere-se a coisas ou pessoas, sendo **sempre antecedido de artigo**, que concorda em gênero e número com o elemento antecedente.

Exemplos:
O juiz perante o qual *(= o juiz)* testemunhei tem interesse escuso na causa.
Os assuntos sobre os quais *(= os assuntos)* conversamos estão resolvidos.
Meu irmão comprou a lancha sobre a qual *(= a lancha)* eu falei a você.

QUEM

Refere-se a pessoas (ou coisas personificadas) e **geralmente aparece precedido de preposição**, inclusive quando funcionar como objeto direto. Nesse último caso, passará à condição de objeto direto preposicionado.

Exemplos:
As pessoas, de quem *(= as pessoas)* falamos ontem, não vieram.
A garota, a quem *(= a garota)* conheci há duas semanas, está em minha sala.
Encontrei o garoto a quem *(= o garoto)* você estava procurando.

DICA DO APROVADO!

Há apenas uma possibilidade de o pronome "quem" não vir precedido de preposição: quando exercer a **função de sujeito**. Isso só ocorrerá quando o pronome "quem" puder ser substituído por pronome demonstrativo (o, a, os, as, aquele, aquela, aqueles, aquelas), acrescido do pronome relativo **que**. Nesses casos, o pronome "quem" será denominado de **pronome relativo indefinido**.

DICA DO APROVADO!

Exemplo:
Foi ele **quem** me disse a verdade. (= Foi ele **o que** me disse a verdade.)
Quem com ferro fere com ferro será ferido. (= **Aquele que** com ferro fere com ferro será ferido.)

ONDE

Este pronome tem o mesmo valor de **em que** ou **no qual** (e flexões).

Se a preposição "**em**" for substituída pela preposição "**a**" ou pela preposição "**de**", substituiremos, respectivamente, por **aonde** e **de onde** (ou **donde**).

Exemplos:
Eu conheço a cidade **em que** sua sobrinha mora.
Eu conheço a cidade **na qual** sua sobrinha mora.
Eu conheço a cidade **onde** sua sobrinha mora.
Eu conheço a cidade **aonde** sua sobrinha foi.
Eu conheço a cidade **donde** sua sobrinha veio.

QUANTO

Este pronome é sempre antecedido de **tanto, tudo, todos** (e variações), concordando com esses elementos.

Exemplos:
Fale tudo **quanto** quiser falar.
Traga todos **quantos** quiser trazer.
Beba todas **quantas** quiser beber.

COMO

Também é um pronome de referência anafórica. Antecede as palavras **maneira, modo** e **forma**.

Exemplo:
Este é o modo **como** se deve estudar para o concurso.
Aquela é a forma **como** se praticam os exercícios.

Capítulo 3 – Morfologia **103**

CUJO

Tal como os pronomes relativos, refere-se a um antecedente, mas concorda (em gênero e número) com o consequente. Esse pronome indica valor de posse (algo de alguém) e <u>não</u> aceita artigo anteposto ou posposto.

Exemplos:
Antipatizei com o rapaz **cuja** namorada você conhece.
A árvore **cujos** frutos são venenosos foi derrubada.

OBSERVAÇÃO!

Quando um elemento da oração (nome ou verbo) reger preposição, esta antecederá os **pronomes relativos**.

Exemplos:
As condições básicas de saúde, <u>de</u> que a população se mostra **carente**, deveriam ser oferecidas pelo governo.
Eu conheço a cidade <u>em</u> que sua sobrinha **mora**.
Eu conheço a cidade <u>a</u>onde sua sobrinha **foi**.
O artista <u>de</u> cuja obra eu **falara** morreu ontem.
As pessoas <u>em</u> cujas palavras **acreditei** estão presas.

COLOCAÇÃO PRONOMINAL

Há três casos para a colocação do pronome átono na oração, a saber:

PRÓCLISE	EXEMPLOS
Pronome antes do verbo.	
Ocorre:	
a) com palavras de sentido negativo;	Ninguém <u>me</u> emprestou a matéria.
b) com advérbios sem pausa;	Ontem <u>se</u> fez de morto.
OBSERVAÇÕES!	
Se houver **pausa** após os advérbios, a colocação deverá ser **enclítica** (após o verbo).	Ontem, fez-<u>se</u> de morto. (**ênclise**)
c) com pronomes indefinidos;	Tudo <u>me</u> alegrava.
d) com pronomes interrogativos;	Quem <u>lhe</u> disse isso?

104 LÍNGUA PORTUGUESA

PRÓCLISE	EXEMPLOS
e) com pronomes demonstrativos "isto", "isso" e "aquilo";	Isso se faz assim.
f) com conjunções subordinativas e pronomes relativos ;	Quando me viu, o menino sorriu. A aula que me recomendou é ótima.
g) quando houver a preposição "em" + gerúndio;	Em se tratando do concurso, estudarei muito.
h) em orações exclamativas e optativas.	Que Deus o proteja! Vou me vingar!

MESÓCLISE	EXEMPLOS
Pronome no meio do verbo.	
Ocorre com verbo no:	
a) futuro do presente;	Entregar-te-ei o documento.
b) futuro do pretérito.	Entregar-te-ia o documento.

OBSERVAÇÕES!	
Se ocorrer qualquer dos casos de próclise, ainda que o verbo esteja no futuro do presente ou no futuro do pretérito, a colocação deverá ser **proclítica** (antes do verbo).	**Nunca** te entregarei o documento. (próclise) **Nunca** te entregaria o documento. (próclise)
Com o numeral "**ambos**", ainda que o verbo esteja no futuro do presente ou no futuro do pretérito, a colocação deverá ser **proclítica** (antes do verbo).	**Ambos** se mudarão na semana que vem. **Ambos** se mudariam na semana que vem.

ÊNCLISE	EXEMPLOS
Pronome após o verbo.	
A ênclise é a **regra geral** de colocação pronominal. Sendo assim, o pronome deverá ficar posposto ao verbo quando não ocorrer qualquer dos casos de próclise ou mesóclise.	Deu-me boas dicas. (início de oração) Traga-me o café. (verbo no imperativo afirmativo)

Capítulo 3 – Morfologia **105**

OBSERVAÇÕES!

1ª) O particípio <u>não</u> admite ênclise.

Exemplos:
Fornecido-me o material, comecei a estudar. (**errado**)
Fornecido a mim o material, comecei a estudar. (**correto**)

2ª) <u>Não</u> se deve usar a colocação pronominal enclítica (após o verbo) quando houver forma verbal no **futuro do presente** ou no **futuro do pretérito**. Nestes casos, a colocação deve ser **mesoclítica** (**no meio do verbo**).

Exemplo:
Entregarei-<u>te</u> o documento. (**errado**)
Entregar-<u>te</u>-ei o documento. (**correto**)
Entregaria-<u>te</u> o documento. (**errado**)
Entregar-<u>te</u>-ia o documento. (**correto**)

3ª) Nas formas infinitivas antecedidas pela preposição "a", a colocação deverá ser **enclítica** (após o verbo) se o pronome oblíquo for "o" ou "a".

Exemplos:
Professor, estamos a admirá-**lo**.
Se soubermos que haverá muito mais faxina, não continuaremos a fazê-**la**.

DICA DO APROVADO!

Se a forma verbal infinitiva for antecedida pela preposição "a" e o pronome oblíquo for o "lhe", admite-se tanto a **próclise** quanto a **ênclise**.

Exemplos:
Continuou a <u>lhe</u> fazer carinho. (**correto**)
Continuou a fazer-<u>lhe</u> carinho. (**correto**)

DICA DO APROVADO!

Quando houver duas palavras que exigem a próclise, é permitido intercalar o pronome oblíquo átono entre elas. A esse caso dá-se o nome de **apossínclise**.

Exemplo:
Se <u>me</u> não falha a memória, já vi aquela moça em algum lugar.

COLOCAÇÃO EM LOCUÇÕES VERBAIS
(Formas possíveis e corretas)

- **Auxiliar + Infinitivo**
  Próclise ao verbo auxiliar: Jamais <u>lhe</u> pretendo ensinar isso.
  Ênclise ao verbo auxiliar: Eu pretendo-<u>lhe</u> ensinar isso.

106 LÍNGUA PORTUGUESA

Ênclise ao verbo principal: Eu pretendo ensinar-lhe isso.
Ênclise ao verbo principal: Jamais devo ensinar-lhe isso.

- Auxiliar + Gerúndio
Próclise ao verbo auxiliar: Não lhe começo ensinando.
Ênclise ao verbo auxiliar: Começo-lhe ensinando.
Ênclise ao verbo principal: Começo ensinando-lhe.
Ênclise ao verbo principal: Não começo ensinando-lhe.

- Auxiliar + Particípio
Próclise ao verbo auxiliar: Eu lhe tinha ensinado a matéria.
Ênclise ao verbo auxiliar: Eu tinha-lhe ensinado a matéria.
Próclise ao verbo auxiliar: Não lhe tinha ensinado a matéria.

DICA DO APROVADO!

Na estrutura "verbo auxiliar + particípio", não se admite a colocação do pronome oblíquo após o verbo principal.

Exemplos:
Tinha ensinado-lhe a matéria. (**errado**)
Não tinha ensinado-lhe a matéria. (**errado**)

VERBO

É a classe de palavras que exprime ação, estado ou fenômeno. Flexiona-se em número, pessoa, modo, tempo e voz.

Exemplo: Se eu estudasse, passaria no concurso.

Estudasse	Passaria
Número: singular	**Número:** singular
Pessoa: primeira	**Pessoa:** primeira
Modo: subjuntivo	**Modo:** indicativo
Tempo: pretérito imperfeito	**Tempo:** futuro do pretérito
Voz: ativa	**Voz:** ativa

Capítulo 3 – Morfologia **107**

ELEMENTOS ESTRUTURAIS DOS VERBOS

Para compreender a classe gramatical dos verbos, é necessário conhecer previamente sua estrutura, composta por **radical**, **vogal temática**, **desinências modo-temporais** e **desinências número-pessoais**.

RADICAL

É o núcleo de significação da palavra. Obtém-se o radical de um verbo a partir de sua forma infinitiva, retirando-se as terminações **-ar**, **-er** e **-ir**.

> **Exemplos:**
> Cantar – ar = cant- (radical)
> Vender – er = vend- (radical)
> Partir – ir = part- (radical)

VOGAL TEMÁTICA

Prepara o radical para o recebimento dos morfemas gramaticais, quais sejam as desinências de **tempo** e **modo**, **número** e **pessoa**.

Nos verbos, a vogal temática é representado pelas vogais **a**, **e** e **i**, indicando a conjugação a que pertencem.

> **Exemplos:**
> Falar (1ª conjugação)
> Vender (2ª conjugação)
> Partir (3ª conjugação).

OBSERVAÇÕES

O verbo **pôr** provém da forma latina *ponere* e pertence à 2ª conjugação. A vogal temática **-e** aparece em algumas pessoas verbais.

Exemplos:
Presente do indicativo:
Eu ponho, tu pões, ele põe, nós pomos, vós pondes, eles põem.

Pretérito perfeito do indicativo:
Eu pus, tu puseste, ele pôs, nós pusemos, vós pusestes, eles põem.

Quando o radical for acrescido da vogal temática, isto é, preparado para receber as desinências, formar-se-á o TEMA verbal.

Exemplos:
falar (tema: fala), vender (tema: vende), partir (tema: parti).

DESINÊNCIA MODO-TEMPORAL

Indica o modo e o tempo em que o verbo está empregado. Veja o quadro a seguir:

Modo	Tempo	DMT	Exemplo
		DESINÊNCIAS MODO-TEMPORAIS	
Indicativo	Presente	Ø	Tu cantas / vendes / partes
Indicativo	Pretérito perfeito	Ø	Tu cantaste / vendeste / partiste
Indicativo	Pretérito imperfeito	"-VA-" (1ª conjugação); "-IA-" (2ª e 3ª conjugações)	Tu cantavas / vendias / partias
Indicativo	Pretérito mais-que-perfeito	"-RA-" (átono)	Tu cantaras / venderas / partiras
Indicativo	Futuro do presente	"-RÁ-" (tônico)	Tu cantarás / venderás / partirás
Indicativo	Futuro do pretérito	"-RIA-"	Tu cantarias / venderias / partirias
Subjuntivo	Presente	"-E-" (1ª conjugação) "-A-" (2ª e 3ª conjugações)	(Que) Tu cantes / vendas / partas
Subjuntivo	Pretérito imperfeito	"-SSE-"	(Se) Tu cantasses / vendesses / partisses
Subjuntivo	Futuro	"-R-"	(Quando) Tu cantares / venderes / partires
Formas Nominais	Infinitivo (pessoal e impessoal)	"-R"	Cantar / Vender / Partir
Formas Nominais	Gerúndio	"-NDO"	Cantando / Vendendo / Partindo
Formas Nominais	Particípio	"-DO"	Cantado / Vendido / Partido

Capítulo 3 – Morfologia **109**

DESINÊNCIAS MODO-TEMPORAIS			
Modo	**Tempo**	**DMT**	**Exemplo**
OBSERVAÇÕES			
Todas as formas verbais, sem exceção, apresentam **desinências modo-temporais**, inclusive o **presente** e o **pretérito perfeito** do **indicativo**. Porém, como esses dois últimos tempos são assistemáticos quanto ao fenômeno da DMT, apresentando **desinência modo-temporal** Ø (zero).			

DESINÊNCIA NÚMERO-PESSOAL

Indica o número e a pessoa em que o verbo está empregado. Veja o quadro a seguir:

DESINÊNCIAS NÚMERO-PESSOAIS				
Modo	**Tempo**		**DNP**	**Exemplo**
Indicativo	Presente	Singular	1ª: -o	Eu canto / vendo / parto
			2ª: -s	Tu cantas / vendes / partes
			3ª: Ø	Ele canta / vende / parte
	Presente	Plural	1ª: -mos	Nós cantamos / vendemos / partimos
			2ª: -is	Vós cantais / vendeis / partis
			3ª: -m	Eles cantam / vendem / partem
Indicativo	Pretérito perfeito	Singular	1ª: -i	Eu cantei / vendi / parti
			2ª: -ste	Tu cantaste / vendeste / partiste
			3ª: -u	Ele cantou / vendeu / partiu
		Plural	1ª: -mos	Nós cantamos / vendemos / partimos
			2ª: -stes	Vós cantastes / vendestes / partistes
			3ª: -m	Eles cantaram / venderam / partiram
	Pretérito imperfeito	Singular	1ª: Ø	Eu cantava / vendia / partia
			2ª: -s	Tu cantavas / vendias / partias
			3ª: Ø	Ele cantava / vendia / partia

110 LÍNGUA PORTUGUESA

DESINÊNCIAS NÚMERO-PESSOAIS			
Modo	Tempo	DNP	Exemplo
Indicativo	Pretérito imperfeito / Plural	1ª: -mos	Eu cantávamos/ vendíamos/ partíamos
		2ª: -is	Vós cantáveis / vendíeis / partíeis
		3ª: -m	Eles cantavam / vendiam / partiam
	Pretérito mais-que-perfeito / Singular	1ª: Ø	Eu cantara / vendera / partira
		2ª: -s	Tu cantaras / venderas / partiras
		3ª: Ø	Ele cantara / vendera / partira
	Pretérito mais-que-perfeito / Plural	1ª: -mos	Nós cantáramos/ vendêramos/ partíramos
		2ª: -is	Vós cantáreis / vendêreis / partíreis
		3ª: -m	Eles cantaram / venderam / partiram
	Futuro do presente / Singular	1ª: -i	Eu cantarei / venderei / partirei
		2ª: -s	Tu cantarás / venderás / partirás
		3ª: Ø	Ele cantará / venderá / partirá
	Futuro do presente / Plural	1ª: -mos	Nós cantaremos/ venderemos/ partiremos
		2ª: -is	Vós cantareis / vendereis / partireis
		3ª: -m	Eles cantarão / venderão / partirão
	Futuro do pretérito / Singular	1ª: Ø	Eu cantaria / venderia / partiria
		2ª: -s	Tu cantarias / venderias / partirias
		3ª: Ø	Ele cantaria / venderia / partiria
	Futuro do pretérito / Plural	1ª: -mos	Nós cantaríamos/ venderíamos/ partiríamos
		2ª: -is	Vós cantaríeis / venderíeis / partiríeis
		3ª: -m	Eles cantariam / venderiam / partiriam

Capítulo 3 – Morfologia **111**

DESINÊNCIAS NÚMERO-PESSOAIS			
Modo	**Tempo**	**DNP**	**Exemplo**
Subjuntivo	Presente	1ª: Ø	(Que) Eu cante / venda / parta
		2ª: -s	(Que) Tu cantes / vendas / partas
		3ª: Ø	**(Que) Ele cante / venda / parta**
		1ª: -mos	(Que) Nós cantemos / vendamos / partamos
		2ª: -is	(Que) Vós canteis / vendais / partais
		3ª: -m	(Que) Eles cantem / vendam / partam
	Pretérito imperfeito	1ª: Ø	(Se) Eu cantasse / vendesse / partisse
		2ª: -s	(Se) Tu cantasses / vendesses / partisses
		3ª: Ø	(Se) Ele cantasse / vendesse / partisse
		1ª: -mos	(Se) Nós cantássemos / vendêssemos / partíssemos
		2ª: -is	(Se) Vós cantasseis / vendêsseis / partísseis
		3ª: -m	(Se) Eles cantassem / vendessem / partissem
	Futuro	1ª: Ø	(Quando) Eu cantar / vender / partir
		2ª: -s	(Quando) Tu cantares / venderes / partires
		3ª: Ø	(Quando) Ele cantar / vender / partir
		1ª: -mos	(Quando) Nós cantarmos / vendermos / partirmos
		2ª: -des*	(Quando) Vós cantardes / venderdes / partirdes
		3ª: -m	(Quando) Eles cantarem / venderem / partirem

LÍNGUA PORTUGUESA

DESINÊNCIAS NÚMERO-PESSOAIS

Modo	Tempo		DNP	Exemplo
Imperativo	Afirmativo	Singular	1ª: -	—
			2ª: Ø	Canta / vende / parte (tu)
			3ª: Ø	Cante / venda / parta (você)
		Plural	1ª: -mos	Cantemos / vendamos / partamos (nós)
			2ª: -i	Cantai / vendei / parti (vós)
			3ª: -m	Cantem / vendam / partam (vocês)
	Negativo	Singular	1ª: -	—
			2ª: -s	(Não) Cantes / vendas / partas (tu)
			3ª: Ø	(Não) Cante / venda / parta (você)
		Plural	1ª: -mos	(Não) Cantemos / vendamos / partamos (nós)
			2ª: -is	(Não) Canteis / vendais / partais (vós)
			3ª: -m	(Não) Cantem / vendam / partam (vocês)

* A desinência número-pessoal *-des* aparece, também, na 2ª pessoa do plural do infinitivo pessoal (cantardes / venderdes / partirdes) e no presente do indicativo de alguns verbos irregulares (ter, vir, pôr, ver, rir, ir).

MODOS E TEMPOS VERBAIS

Modo verbal: indica a relação existente entre o falante e o fato expresso pelo verbo. Triparte-se em:

a) **Indicativo**: indica fatos reais, certos.

Exemplos:
Estudo para o concurso. (presente)
Hoje **estudarei** para o concurso. (futuro)
Trabalhei naquela empresa. (pretérito perfeito)

Capítulo 3 – Morfologia **113**

b) **Subjuntivo**: apresenta fatos duvidosos, eventuais, possíveis. Recorrente em orações subordinadas.

Exemplos:
O professor quer que eu **estude** para o concurso. (presente)
Se **estudasse**, seria aprovado. (pretérito imperfeito)

DICA DO APROVADO!		
Modo indicativo	**X**	**Modo subjuntivo**
Situa o fato no plano da **realidade**, da **certeza**.		Situa o fato no plano da **possibilidade**, da hipótese.
Exemplos:		Exemplos:
Creio que ele **vem**.		Duvido que ele **venha**.
(Presente)		(Presente)
Disse que ele **voltava**.		Desejei que ele **voltasse**.
(Pretérito imperfeito)		(Pretérito imperfeito)

c) **Imperativo**: expressa as ordens, os desejos e as proibições. Recorrentes em orações principais e em orações coordenadas.

Exemplos:
Esperemos que estudem. (desejo)
Fale mais alto! (ordem, pedido)
Não **fume** neste restaurante! (proibição)

Tempo verbal: localiza o fato em relação ao momento em que se fala. Em língua portuguesa, triparte-se em **presente, passado** e **futuro**.

A seguir, veremos os tempos simples dos modos **indicativo, subjuntivo** e **imperativo**.

MODO INDICATIVO

Os tempos simples do modo indicativo são:

a) **Presente**: empregado para:
– enunciar uma ação atual, que ocorre no momento em que se fala. É denominado **presente momentâneo**.

114 LÍNGUA PORTUGUESA

Exemplos:
Eles **estudam**.
Os cães **latem**.

– indicar ações e estados permanentes, verdades científicas. É denominado **presente durativo**.

Exemplos:
Os humanos **são** mortais.
Os corpos **sofrem** a ação da gravidade.

– expressar uma ação habitual, ainda que não esteja sendo realizada no momento em que se fala. É denominado **presente habitual**.

Exemplo:
Estudo muito.
Falo pouco.

– dar vivacidade a ações ocorridas no passado. Denomina-se **presente histórico** ou **narrativo**.

Exemplos:
1994: Romário **é** o melhor jogador da Copa.
A Princesa Isabel **assina** a lei Áurea em 1888.

– marcar uma ação futura, porém próxima.

Exemplo:
Amanhã **faço** a prova.
Passo no concurso domingo que vem.

b) **Pretérito perfeito**: apresenta a ação concluída em relação ao momento da fala.

Exemplos:
Corrigi as provas de redação.
A torcida **chorou**.

c) **Pretérito imperfeito**: empregado para:

Capítulo 3 – Morfologia **115**

– indicar uma ação que ocorria com habitualidade.

Exemplo:
A essa hora, João **tomava** café.

– indicar simultaneidade entre duas ações pretéritas, porém com uma não concluída.

Exemplos:
Quando o aluno entrou, o professor **explicava** o conteúdo.

– substituir o presente, com o matiz semântico de cortesia, atenuando um pedido.

Exemplo:
Eu queria saber se você irá ao cinema comigo.

d) **Pretérito mais-que-perfeito**: indica uma ação passada anterior à outra também passada.

Exemplos:
O filme já **começara** quando cheguei.
Quando a testemunha chegou, o réu já **fora** condenado.

DICA DO APROVADO!

O pretérito mais-que-perfeito também pode ser empregado para expressar o desejo pela consumação de um fato.

Exemplos:
Quem me **dera** passar no concurso!

---

e) **Futuro do presente**: indica uma ação que ainda será realizada.

Exemplos:
No próximo concurso, **seremos** aprovados.
Os melhores alunos **passarão** no concurso.

116 LÍNGUA PORTUGUESA

DICA DO APROVADO!

O futuro do presente do indicativo pode, também, surgir com valor semântico de imperativo.

Exemplo:
No próximo final de semana, **iremos** à Bahia.

---

f) **Futuro do pretérito**: indica uma consequência futura de uma condição que não ocorreu.

Exemplos:
Pediria sua mão, se estivesse livre.
Eu **saberia** fazer isso, se você me explicasse.

DICA DO APROVADO!

Nos pedidos e nas solicitações, o futuro do pretérito pode ser empregado com o intuito de desejo feito com polidez.

Exemplo:
Você **poderia** abrir as janelas?

MODO SUBJUNTIVO

Os tempos simples do subjuntivo são:

a) **Presente**: indica uma ação (presente ou futura) em relação ao momento da fala.

Exemplos:
É melhor que você **estude**.
Que ele **descanse** em paz.

b) **Pretérito imperfeito** – indica uma condição, uma hipótese, para a ocorrência de outra ação verbal.

Exemplos:
Se você **estudasse**, passaria no concurso.
"Era provável que a ocasião **aparecesse**." (Machado de Assis)

Capítulo 3 – Morfologia **117**

c) **Futuro**: indica uma ação que pode ocorrer num momento futuro.

Exemplos:
Viajarei quando **quiser**.
Sentir-me-ei melhor, quando eu **passar** no concurso.

> **MODO IMPERATIVO** – O imperativo, tempo verbal empregado para exprimir ordem, solicitação ou conselho, subdivide-se em:
> **a) afirmativo** – **Exemplo: Estude!**
> **b) negativo** – **Exemplo:** *Não* **brinque** em serviço!
> **FORMAS NOMINAIS**

a) Infinitivo impessoal – é a forma como se designam os verbos. Por não se referir a uma pessoa gramatical, não se flexiona.

Exemplos:
Viver é conciliar-se com o possível.
Amar é caminhar junto.

b) **Infinitivo pessoal**: é a forma que se refere a uma pessoa gramatical e que, por isso, pode flexionar-se.

Exemplos:
O melhor será **pedires** abrigo. (tu = sujeito)
Estamos contentes por **termos** sido aprovados. (nós = sujeito)

DICA DO APROVADO!

Há casos em que o infinitivo pode ou não flexionar-se.

Casos obrigatórios
A flexão do infinitivo será obrigatória quando:
– houver sujeito claramente expresso.

Exemplo:
A próxima prova será o momento de vocês **decidirem** suas aprovações. (**vocês** = sujeito)

– referir-se a um sujeito desinencial, a partir da terminação verbal.

Exemplo:
Este é o momento de **passarmos** no concurso. (desinência *-mos* = sujeito desinencial *nós*)

118 LÍNGUA PORTUGUESA

DICA DO APROVADO!
Casos facultativos A flexão do infinitivo será facultativa quando: – o sujeito do infinitivo já estiver sido expresso na oração anterior. Exemplo: Os alunos se encontraram para **estudar/estudarem** o melhor método de estudos. (**os alunos** = sujeito) – houver verbos causativos ou sensitivos, seguidos de substantivo com infinitivo. Exemplo: Mandei os meninos **estudar/estudarem**.

ATENÇÃO!
Quando o substantivo for representado pelo **pronome pessoal oblíquo átono o(s)**, a(s), considera-se erro a flexão do infinitivo. Exemplo: Mandei-os estudarem. (**errado**) Mandei-os estudar. (**correto**)

TEMPOS COMPOSTOS

Em português, as formas compostas são formadas através da seguinte estrutura:

Ter ou Haver	+	Ter ou Haver
(verbo auxiliar)		(verbo principal)

Abaixo, seguem as estruturas de formação dos tempos compostos.

TEMPOS COMPOSTOS: MODO INDICATIVO

a) **Pretérito perfeito**: formado pela estrutura:

Ter (ou Haver) no presente do indicativo + particípio
Exemplo: Tenho <u>pensado</u> bastante em você.

b) **Pretérito mais-que-perfeito**: formado através da estrutura:

Ter (ou Haver) no pretérito imperfeito do indicativo + particípio
Exemplo: A polícia chegou, mas o ladrão já tinha fugido pela grade da cela.

c) **Futuro do presente**: apresenta a estrutura:

Ter (ou Haver) no futuro do presente do indicativo + particípio
Exemplo: Terei lido os artigos da lei quando você chegar.

d) **Futuro do pretérito**: obtido com a estrutura:

Ter (ou Haver) no futuro do pretérito do indicativo + particípio
Exemplo: Teriam obtido melhor classificação se estudassem mais.

TEMPOS COMPOSTOS: MODO SUBJUNTIVO

a) **Pretérito perfeito**: obtido com a estrutura:

Ter (ou Haver) no presente do subjuntivo + particípio
Exemplo: Espero que todos tenham passado no concurso.

b) **Pretérito mais-que-perfeito** – formado com a estrutura:

Ter (ou Haver) no pretérito imperfeito do subjuntivo + particípio
Exemplo: Desejávamos que ela tivesse chegado cedo ao local de prova.

TEMPOS COMPOSTOS: FORMAIS NOMINAIS

a) **Infinitivo:** é formado a partir da seguinte estrutura:

Ter (ou Haver) no infinitivo + particípio
Exemplo: Ter estudado foi providencial para a aprovação.

b) **Gerúndio:** é obtido com a construção a seguir:

Ter (ou Haver) no gerúndio + particípio
Exemplo: Tendo estudado a matéria, gabaritei a prova.

TEMPOS PRIMITIVOS E DERIVADOS

O **presente do subjuntivo** é formado a partir da 1ª pessoa do singular do presente do indicativo.

Presente do indicativo	Presente do subjuntivo
Eu canto	Eu cante
Tu cantas	Tu cantes
Ele canta	Ele cante
Nós cantamos	Nós cantemos
Vós cantais	Vós canteis
Eles cantam	Eles cantem
Observação	
Alguns verbos fogem a essa regra, tais como *dar, estar, haver, ir, querer, ser.*	

O **modo imperativo** é formado a partir dos **presentes do indicativo e do subjuntivo**.

Presente do indicativo	Imperativo afirmativo	Presente do subjuntivo	Imperativo negativo
Eu canto	—	Eu cante	—
Tu cantas ⟶	Canta tu	Tu cantes ⟶	Não cantes tu
Ele canta	Cante você ⟵	Ele cante ⟶	Não cante você
Nós cantamos	Cantemos nós ⟵	Nós cantemos ⟶	Não cantemos nós
Vós cantais ⟶	Cantai vós	Vós canteis ⟶	Não canteis vós
Eles cantam	Cantem vocês ⟵	Eles cantem ⟶	Não cantem vocês

O **pretérito mais-que-perfeito do indicativo**, o **pretérito imperfeito do subjuntivo** e o **futuro do subjuntivo** são formados a partir da 3ª pessoa do plural do pretérito perfeito do indicativo, retirando-se a desinência -ram.

Capítulo 3 – Morfologia

Pretérito Perfeito do indicativo	Pretérito Mais-que-perfeito do indicativo	Pretérito Imperfeito do subjuntivo	Futuro do subjuntivo
Eles cantaram	Eu cantara	(Se) Eu cantasse	(Quando) Eu cantar
	Tu cantara	(Se) Tu cantasses	(Quando) Tu cantares
	Ele cantara	(Se) Ele cantasse	(Quando) Ele cantar
	Nós cantáramos	(Se) Nós cantássemos	(Quando) Nós cantarmos
	Vós cantáreis	(Se) Vós cantásseis	(Quando) Vós cantardes
	Eles cantaram	(Se) Eles cantassem	(Quando) Eles cantarem

O futuro do presente do indicativo, o futuro do pretérito do indicativo, o infinitivo pessoal, o gerúndio e o **particípio** são formados a partir do **infinitivo impessoal**.

Infinitivo impessoal	Futuro do Presente do indicativo	Futuro do pretérito do indicativo	Infinitivo pessoal	Gerúndio	Particípio
cantar	Eu cantarei	Eu cantaria	Cantar	cantando	cantado
	Tu cantarás	Tu cantarias	Cantares		
	Ele cantará	Ele cantaria	Cantar		
	Nós cantaremos	Nós cantaríamos	Cantarmos		
	Vós cantareis	Vós cantaríeis	Cantardes		
	Eles cantarão	Eles cantariam	Cantarem		

CLASSIFICAÇÃO DOS VERBOS

Os verbos classificam-se em:

VERBOS REGULARES

Conservam o radical, seguindo o paradigma de sua conjugação.

122 LÍNGUA PORTUGUESA

Exemplos:

Cantar: eu canto, tu cantas, ele canta, nós cantamos, vós cantais, eles cantam.

Vender: eu vendo, tu vendes, ele vende, nós vendemos, vós vendeis, eles vendem.

Partir: eu parto, tu partes, ele parte, nós partimos, vós partis, eles partem.

DICA DO APROVADO!

Para verificar a regularidade de um verbo, deve-se conjugá-lo no presente e no pretérito perfeito do indicativo.

Exemplo:

CORRER
Presente do indicativo: eu **corro**, tu, **corres**, ele **corre**, nós **corremos**, vós **correis**, eles **correm**.
Pretérito perfeito do indicativo: eu **corri**, tu **correste**, ele **correu**, nós **corremos**, vós **correstes**, eles **correram**.

Em geral, os verbos terminados em **-iar** são regulares.

Exemplo:

ARRIAR: eu arrio, tu arrias, ele arria, nós arriamos, vós arriais, eles arriam.

Exceções: Os verbos mediar, ansiar, remediar, incendiar e odiar, embora terminados em -iar, são irregulares. Neste caso, receberão a vogal e nas formas rizotônicas (sílaba tônica dentro do radical).

M ediar – eu medeio, tu medeias, ele medeia, eles medeiam.
A nsiar – eu anseio, tu anseias, ele anseia, eles anseiam.
R emediar – eu remedeio, tu remedeias, ele remedeia, eles remedeiam.
I ncendiar – eu incendeio, tu incendeias, ele incendeia, eles incendeiam.
O diar – eu odeio, tu odeias, ele odeia, eles odeiam.

OBSERVAÇÃO

Formas **rizotônicas** são aquelas em que o acento tônico recai numa sílaba encontrada no radical da palavra. Por sua vez, formas **arrizotônicas** são aquelas em que o acento tônico recai numa sílaba situada fora do radical.

Capítulo 3 – Morfologia **123**

DICA DO APROVADO!

As formas rizotônicas sempre aparecem nos seguintes tempos e pessoas:

Presente do indicativo
Eu escrevo (rizotônica)
Tu escreves (rizotônica)
Ele escreve (rizotônica)
Nós escrevemos (arrizotônica)
Vós escreveis (arrizotônica)
Eles escrevem (rizotônica)

Presente do subjuntivo
(Que) Eu escreva (rizotônica)
(Que) Tu escrevas (rizotônica)
(Que) Ele escreva (rizotônica)
(Que) Nós escrevamos (arrizotônica)
(Que) Vós escrevais (arrizotônica)
(Que) Eles escrevam (rizotônica)

Já as formas arrizotônicas aparecem nos demais tempos e pessoas não apresentados acima.

VERBOS IRREGULARES

Apresentam irregularidades no radical e/ou nas desinências. Para verificar se um verbo é irregular, deve-se conjugá-lo no presente e no pretérito perfeito do indicativo.

Exemplos:

DIZER

Presente do indicativo: eu digo, tu dizes, ele diz, nós dizemos, vós dizeis, eles dizem.

Pretérito perfeito do indicativo: eu disse, tu disseste, ele disse, nós dissemos, vós dissestes, eles disseram

FAZER

Presente do indicativo: eu faço, tu fazes, ele faz, nós fazemos, vós fazeis, eles fazem.

Pretérito perfeito do indicativo: eu fiz, tu fizeste, ele fez, nós fizemos, vós fizestes, eles fizeram.

HAVER

Presente do indicativo: eu hei, tu hás, ele há, nós havemos (ou hemos), vós haveis (ou heis), eles hão.

Pretérito perfeito do indicativo: eu houve, tu houveste, ele houve, nós houvemos, vós houvestes, eles houveram.

PÔR

Presente do indicativo: eu ponho, tu pões, ele põe, nós pomos, vós pondes, eles põem.

Pretérito perfeito do indicativo: eu pus, tu puseste, ele pôs, nós pusemos, vós pusestes, eles põem.

TER

Presente do indicativo: eu tenho, tu tens, ele tem, nós temos, vós tendes, eles têm.

Pretérito perfeito do indicativo: eu tive, tu tiveste, ele teve, nós tivemos, vós tivestes, eles tiveram.

VER

Presente do indicativo: eu vejo, tu vês, ele vê, nós vemos, vós vedes, eles veem.

Pretérito perfeito do indicativo: eu vi, tu viste, ele viu, nós vimos, vós vistes, eles viram.

VIR

Presente do indicativo: eu venho, tu vens, ele vem, nós vimos, vós vindes, eles vêm.

Pretérito perfeito do indicativo: eu vim, tu vieste, ele veio, nós viemos, vós viestes, eles vieram.

DICA DO APROVADO!

Os verbos terminados em -ear são irregulares e, portanto, recebem a vogal i nas formas rizotônicas.

Exemplo:

PENTEAR

Presente do indicativo: eu penteio, tu penteias, ele penteia, nós penteamos, vós penteais, eles penteiam.

Presente do subjuntivo: (que) eu penteie, tu penteies, ele penteie, nós penteemos, vós penteeis, eles penteiem.

Capítulo 3 – Morfologia **125**

DICA DO APROVADO!

PASSEAR

Presente do indicativo: eu passeio, tu passeias, ele passeia, nós passeamos, vós passeais, eles passeiam.

Presente do subjuntivo: (que) eu passeie, tu passeies, ele passeie, nós passeemos, vós passeeis, eles passeiem.

VERBOS ANÔMALOS

São verbos que apresentam grandes variações em seus radicais durante a conjugação. Em língua portuguesa, são apenas dois: **ser** e **ir**.

Exemplos:

SER

Presente do indicativo: eu sou, tu és, ele é, nós somos, vós sois, eles são.

IR

Presente do indicativo: eu vou, tu vais, ele vai, nós vamos, vós ides, eles vão.

VERBOS DEFECTIVOS

São aqueles que carecem de determinados modos, tempos e pessoas.

O defeito verbal sempre se relaciona ao **presente do indicativo**, ao **presente do subjuntivo** e ao **imperativo**, podendo ser de dois tipos:

– O verbo não possui a 1ª pessoa do singular no presente do indicativo. Por consequência, não possui o presente do subjuntivo.

Exemplos: verbos **abolir, aturdir, banir, colorir, demolir, exaurir, viger** etc.

	Presente do indicativo		Presente do subjuntivo	
	Abolir	**Viger**	**Abolir**	**Viger**
Eu	Ø	Ø	Ø	Ø
Tu	aboles	viges	Ø	Ø
Ele	abole	vige	Ø	Ø

126 LÍNGUA PORTUGUESA

	Presente do indicativo		Presente do subjuntivo	
	Abolir	Viger	Abolir	Viger
Nós	abolimos	vigemos	Ø	Ø
Vós	abolis	vigeis	Ø	Ø
Eles	abolem	abolem	Ø	Ø

– O verbo só apresenta, no presente do indicativo, as conjugações da 1ª e 2ª pessoas do plural (formas arrizotônicas). Por essa razão, não apresentam o presente do subjuntivo e o imperativo só terá a 2ª pessoa do plural do afirmativo.

Exemplos: reaver, precaver, falir etc.

REAVER: segue o paradigma do verbo **haver**, ou seja, só existe quando, na conjugação do verbo **haver**, houver a letra **v**.

	Presente do indicativo		Presente do subjuntivo		Pretérito perfeito do indicativo	
	Haver	Reaver	Haver	Reaver	Haver	Reaver
Eu	hei	Ø	haja	Ø	houve	reouve
Tu	hás	Ø	hajas	Ø	houveste	reouveste
Ele	há	Ø	haja	Ø	houve	reouve
Nós	havemos	reavemos	hajamos	Ø	houvemos	reouvemos
Vós	haveis	reaveis	hajais	Ø	houvestes	reouvestes
Eles	hão	Ø	hajam	Ø	houveram	reouveram

PRECAVER: também segue o paradigma do verbo **haver**, ou seja, só existe quando, na conjugação do verbo **haver**, houver a letra **v**.

	Presente do indicativo	Presente do subjuntivo	Pretérito perfeito do indicativo
Eu	Ø	Ø	Precavi

	Presente do indicativo	Presente do subjuntivo	Pretérito perfeito do indicativo
Tu	Ø	Ø	Precaveste
Ele	Ø	Ø	Precaveu
Nós	Precavemos	Ø	Precavemos
Vós	Precaveis	Ø	Precavestes
Eles	Ø	Ø	Precaveram

FALIR: somente será conjugado quando houver a vogal **i** após o radical.

	Presente do indicativo	Presente do subjuntivo	Pretérito perfeito do indicativo
Eu	Ø	Ø	fali
Tu	Ø	Ø	faliste
Ele	Ø	Ø	faliu
Nós	falimos	Ø	falimos
Vós	falis	Ø	falistes
Eles	Ø	Ø	faliram

VERBOS ABUNDANTES

Apresentam duas ou mais formas equivalentes.

A abundância de formas ocorre quase sempre no particípio, que se apresenta:

– de forma reduzida, em construções em que haja o verbo *ser* ou *estar* como auxiliar. Essa estrutura é chamada de **locução verbal de voz passiva**.

Exemplos:
O livro <u>foi</u> **impresso**.
O boleto bancário <u>está</u> **pago**.

128 LÍNGUA PORTUGUESA

– de forma regular, terminada em **-ado** ou **–ido**, em construções em que haja o verbo *ter* ou *haver* como auxiliar. Essa estrutura é chamada de **tempo composto**.

Exemplos:
Tenho **imprimido** muitas cópias.
Ele havia **pagado** o boleto bancário.

Abaixo, segue a lista de verbos abundantes mais recorrentes em provas:

Infinitivo	Particípio regular	Particípio irregular
aceitar	aceitado	aceito
acender	acendido	aceso
benzer	benzido	bento
desenvolver	desenvolvido	desenvolto
eleger	elegido	eleito
emergir	emergido	emerso
entregar	entregado	entregue
enxugar	enxugado	enxuto
expressar	expressado	expresso
exprimir	exprimido	expresso
extinguir	extinguido	extinto
expulsar	expulsado	expulso
ganhar	ganhado	ganho
gastar	gastado	gasto
imergir	imergido	imerso
imprimir	imprimido	impresso
isentar	isentado	isento
matar	matado	morto

Infinitivo	Particípio regular	Particípio irregular
omitir	omitido	omisso
pagar	pagado	pago
soltar	soltado	solto
submergir	submergido	submerso

Alguns verbos (e seus derivados) apresentam somente o **particípio irregular**.

Infinitivo	Particípio irregular
abrir	aberto
chegar	chegado
cobrir	coberto
dizer	dito
escrever	escrito
fazer	feito
pôr	posto
ver	visto
vir	vindo

DICA DO APROVADO!

O verbo **vir** (**e seus derivados**) possui formas semelhantes no **particípio** e no **gerúndio**. Para diferençar o tempo verbal, emprega-se o verbo **ir**. Se o resultado obtido for:

– INDO, o verbo estará no gerúndio.
– IDO, o verbo estará no particípio.

Exemplos:
O policial disse: "já estou **vindo**". (= indo – gerúndio)
Quando a polícia chegou, o ladrão já tinha **vindo**. (= ido – particípio)

LOCUÇÃO VERBAL

Conjunto de dois ou mais verbos, apresentado sob a estrutura composta por um (ou mais) verbo auxiliar (sempre o primeiro) e um

130 LÍNGUA PORTUGUESA

verbo principal (sempre o último). As flexões de número, pessoa, modo e tempo verbais ocorrem no verbo auxiliar, ao passo que o verbo principal sempre se apresenta no infinitivo, no gerúndio ou no particípio.

> Exemplos:
> A prova **poderia** **ser** mais fácil.
> Vocês **precisarão** **estudar** muito.

DICA DO APROVADO!

Não haverá locução verbal quando o infinitivo puder ser desenvolvido em oração. Neste caso, haverá mais de uma oração.

Exemplos:
Convém   ser aprovado. (= Convém que seja aprovado.)
or. principalor. subordinada

Desejaria estar estudando. (= Desejaria que estivesse estudando.)
or. principalor. subordinada

CASOS QUE GERAM DÚVIDAS

- Verbo TER (e seus derivados)

  Acentuação na 3ª pessoa do singular do presente do indicativo

	Ter	Conter	Reter	Entreter	Manter	Obter
Ele	tem	contém	retém	entretém	mantém	obtém

  Acentuação na 3ª pessoa do plural do presente do indicativo

	Ter	Conter	Reter	Entreter	Manter	Obter
Eles	têm	contêm	retêm	entretêm	mantêm	ele obtêm

  Erros frequentes em provas

  Aqueles produtos **contém** muitas proteínas. (**errado**)
  Aqueles produtos **contêm** muitas proteínas. (**correto**)
  Os policiais **mantém** o bandido preso. (**errado**)

Os policiais **mantêm** o bandido preso. (**correto**)

- Verbo VIR (e seus derivados)

Acentuação na 3ª pessoa do singular do presente do indicativo

	Vir	Convir	Provir	Intervir	Sobrevir
Ele	vem	convém	provém	intervém	sobrevém

Acentuação na 3ª pessoa do plural do presente do indicativo

	Vir	Convir	Provir	Intervir	Sobrevir
Eles	vêm	convêm	provêm	intervêm	sobrevêm

Erros frequentes em provas

Os policiais **intervém** na discussão. (**errado**)
Os policiais **intervêm** na discussão. (**correto**)
Os turistas **provém** da França. (**errado**)
Os turistas **provêm** da França. (**correto**)

- Verbo VER (e seus derivados)

Acentuação na 3ª pessoa do singular do presente do indicativo

	Ver	Antever	Entrever	Prever	Rever
Ele	vê	antevê	entrevê	prevê	revê

Acentuação na 3ª pessoa do plural do presente do indicativo

	Ver	Antever	Entrever	Prever	Rever
Eles	veem	anteveem	entreveem	preveem	reveem

Erros frequentes em provas

Eles **prevêm** a aprovação no concurso. (**errado**)
Eles **preveem** a aprovação no concurso. (**correto**)
Os videntes **antevêm** nosso futuro. (**errado**)

132 LÍNGUA PORTUGUESA

Os videntes **anteveem** nosso futuro. (**correto**)

- VIR *versus* VER
  Conjugação no futuro do subjuntivo

	Vir	Ver
(Quando)	Eu vier	Eu vir
(Quando)	Tu vieres	Tu vires
(Quando)	Ele vier	Ele vir
(Quando)	Nós viermos	Nós virmos
(Quando)	Vós vierdes	Vós virdes
(Quando)	Eles vierem	Eles virem

Erros frequentes em provas

Assim que você ver o professor, entregue-lhe este documento. (**errado**)

Assim que você vir o professor, entregue-lhe este documento. (**correto**)

- Querer *versus* Requerer
  Os verbos *querer* e *requerer* são falsos derivados.

Presente do indicativo		Pretérito perfeito do indicativo	
Querer	**Requerer**	**Querer**	**Requerer**
Quero	requeiro	quis	requeri
Queres	requeres	quiseste	requereste
Quer	requer	quis	requereu
Queremos	requeremos	quisemos	requeremos
Quereis	requereis	quisestes	requerestes
Querem	requerem	quiseram	requereram

Pretérito imperfeito do subjuntivo		Pret. mais-que-perfeito do Indicativo		Futuro do subjuntivo	
Querer	Requerer	Querer	Requerer	Querer	Requerer
quisesse	requeresse	quisera	requerera	Quiser	requerer
quisesses	requeresses	quiseras	requereras	Quiseres	requereres
quisesse	requeresse	quisera	requerera	Quiser	requerer
quiséssemos	requerêssemos	quiséramos	requerêramos	Quisermos	requerermos
quisésseis	requerêsseis	quiséreis	requerêreis	Quiserdes	requererdes
quisessem	requeressem	quiseram	requereram	Quiserem	requererem

Erros frequentes em provas

O documento será entregue quando ele **requiser**. (**errado**)

O documento será entregue quando ele **requerer**. (**correto**)

VOZES VERBAIS

As vozes verbais são classificadas de acordo com o sujeito. Tripartem-se em:

VOZ ATIVA

O sujeito pratica a ação verbal.

Exemplos:

João leu o livro.

(O sujeito "João" praticou a ação de "ler")

O caçador matou o tigre.

(O sujeito "caçador" praticou a ação de "matar")

VOZ PASSIVA

O sujeito sofre a ação verbal.

A voz passiva subdivide-se em:

134 LÍNGUA PORTUGUESA

a) **Analítica** (ou **com auxiliar**) – formada pela estrutura:

Verbo SER + PARTICÍPIO

OBSERVAÇÃO

A estrutura composta pelo verbo SER + PARTICÍPIO forma o que se denomina **locução verbal de voz passiva**.

Exemplos:

O livro <u>foi lido</u> por João.
loc. verbal
de voz passiva

O tigre <u>foi morto</u> pelo caçador.
loc. verbal
de voz
passiva

b) **Sintética** (ou **pronominal**): formada pela estrutura:

VERBO TRANSITIVO DIRETO + SE *(pron. apassivador)*

Exemplos:

Leu-<u>se</u> o livro.
pron.
apassivador

Matou-<u>se</u> o tigre.
pron.
apassivador

OBSERVAÇÃO

Com o acréscimo do pronome apassivador **SE**, o termo que desempenhava a função de **objeto direto** transforma-se em **sujeito**. Logo, o verbo deve concordar com ele.

Exemplos:

Leu <u>o livro</u>.	Leu-se <u>o livro</u>.	Leram-se <u>os livros</u>.
objeto direto	sujeito	sujeito
Matou <u>o tigre</u>.	Matou-se <u>o tigre</u>.	Mataram-se <u>os tigres</u>.
objeto direto	sujeito	sujeito

VOZ REFLEXIVA
O sujeito pratica e sofre a ação verbal.

Exemplos:
João machucou-se.
Ana feriu-se.
Maria olhou-se no espelho.

> **OBSERVAÇÃO**
>
> Note que, na voz reflexiva, há a partícula SE, denominada **pronome reflexivo**.

TRANSPOSIÇÃO DE VOZ VERBAL: DA ATIVA PARA PASSIVA

1º) O *objeto direto* da ativa torna-se *sujeito* da passiva;
2º) O tempo verbal da voz ativa permanece *inalterado* na voz passiva;
3º) O *sujeito* da ativa torna-se *agente da passiva*.

Veja a transposição:

> **DICA DO APROVADO!**
>
> A voz ativa sempre terá um verbo a menos do que a voz passiva analítica.
>
> **Exemplo:**
> João leu o livro. (voz ativa – um verbo)
> O livro foi lido por João. (voz passiva – dois verbos)
> João terá lido o livro. (voz ativa – dois verbos)
> O livro terá sido lido por João. (voz passiva – três verbos)

136 LÍNGUA PORTUGUESA

DICA DO APROVADO!

OBSERVAÇÕES

1ª) <u>Somente</u> será admitida a transposição da voz ativa para a voz passiva quando o verbo da ativa ou for transitivo direto (VTD) ou for transitivo direto e indireto (VTDI).

Exemplo:
Mil pessoas <u>viram</u> o jogo. (ativa)
         VTD

O jogo <u>foi visto</u> por mil pessoas. (passiva)

2ª) Não será admitida a transposição da voz ativa para a voz passiva quando o verbo da ativa for transitivo indireto (VTI), intransitivo (VI), de ligação (VL) ou impessoal.

Exemplos:
Ele <u>necessitava</u> de mais estudos.
   verbo transitivo
      indireto

O aluno <u>estava</u> muito feliz com o resultado das provas.
      verbo de
      ligação

Solitária, a moça <u>morria</u> de tédio nas noites de inverno.
                verbo
                intransitivo

<u>Houve</u> **muitas falhas** na usina do Japão.
 verbo   objeto direto
transitivo
   direto

3ª) Existe uma outra hipótese em que <u>não</u> se admite a transposição da voz ativa para a **voz passiva**: quando houver objeto direto preposicionado.

Ainda que o verbo da voz ativa seja transitivo direto, a vedação à transposição para a voz passiva deve-se ao fato de o objeto direto da voz ativa tornar-se o sujeito da voz passiva e, como é sabido, o sujeito <u>não</u> pode ser preposicionado.

Exemplos:
<u>Elas</u> <u>comeram</u> <u>do doce</u>.
sujeito VTD   objeto direto preposicionado

<u>O policial</u> <u>sacou</u> <u>da arma</u>.
  sujeito   VTD   objeto direto preposicionado

Capítulo 3 – Morfologia   137

DICA DO APROVADO!

4ª) O *agente da passiva* sempre será introduzido pelas preposições "POR" e "DE".

Exemplos:
Mil pessoas viram o jogo. (voz ativa)
O jogo foi visto **por mil pessoas**. (voz passiva)
        agente da passiva

O treino deu-lhe a vitória. (voz ativa)
A vitória foi-lhe dada **pelo treino**. (voz passiva)
        agente da passiva

Todos a estimam. (voz ativa)
Ela é estimada **de todos**. (voz passiva)
        agente da passiva

5ª) Quando não houver agente da passiva, o verbo da voz ativa deverá ser flexionado na 3ª pessoa do plural.

Exemplos:
O livro foi lido. (voz passiva)
Leram o livro. (voz ativa – *sujeito indeterminado*)

TRANSPOSIÇÃO DE VOZ VERBAL: DA PASSIVA PARA ATIVA

1º) O *agente da passiva* torna-se *sujeito* da ativa;
2º) O tempo verbal da voz passiva permanece *inalterado* na voz ativa;
3º) O *sujeito* da passiva torna-se *objeto direto* da ativa.

Exemplo:

138 LÍNGUA PORTUGUESA

DICA DO APROVADO!

A voz <u>passiva analítica</u> sempre terá um verbo <u>a mais</u> do que a voz <u>ativa</u>.

Exemplo:
O livro <u>foi lido</u> por João. (voz passiva – dois verbos)
João <u>leu</u> o livro. (voz ativa – um verbo)
O livro <u>terá sido lido</u> por João. (voz passiva – três verbos)
João <u>terá lido</u> o livro. (voz ativa – dois verbos)

INTERJEIÇÃO

Classe de palavras que expressa emoções. São empregadas juntamente com o ponto de exclamação.

Exemplos:
Oba! Passei no concurso! (**alegria**)
Estude sempre. **Coragem!** (**animação**)
Estude mais. **Vamos!** (**animação**)
Psiu! Você está de castigo. (**silêncio**)
Cuidado! Cães bravos. (**advertência**)
Ai! Torci o tornozelo. (**dor**)
Puxa! Não esperava isso dela. (**espanto**)

Locuções interjetivas: grupo de palavras que equivale a uma interjeição.

Exemplos:
Ai me mim!
Ora, bolas!
Alto lá!

ADVÉRBIO

É a classe de palavras que se junta a **adjetivos**, **verbos** e **advérbios**, podendo relacionar-se, ainda, a uma **oração**.

Capítulo 3 – Morfologia **139**

ADVÉRBIO	
Relaciona-se a ...	Exemplos
Adjetivos Verbos Advérbios	O aluno está **muito** tranquilo. Estudei **muito** ontem. Ele escreve **muito** bem.
uma oração	**Provavelmente** faremos uma excelente prova.

CLASSIFICAÇÃO DO ADVÉRBIO

A Nomenclatura Gramatical Brasileira subdividiu o advérbio em sete circunstâncias, a saber:

— **tempo**: anteontem, ontem, hoje, amanhã, agora, breve, antes, depois, jamais, nunca, outrora, sempre etc.

Exemplo:
Faremos uma excelente prova **amanhã**.

— **lugar**: abaixo, acima, adiante, além, aqui, ali, acolá, atrás, cá, lá, dentro, embaixo, longe, perto etc.

Exemplo:
Faremos a prova **aqui**.

— **modo**: bem, mal, depressa, assim, melhor, pior, adrede, alerta, alegremente, educadamente, livremente etc.

Exemplo:
Senti-me **bem** durante a prova.

DICA DO APROVADO!

Os advérbios finalizados em -mente derivam, em geral, de adjetivos femininos. Nesses casos, a letra **a** que antecede o sufixo -mente é classificada como **desinência de gênero feminino**.

Exemplos:
Ela agiu **friamente** com o namorado.
A nota foi **esplendidamente** boa.

140 LÍNGUA PORTUGUESA

> **DICA DO APROVADO!**
>
> **OBSERVAÇÃO**
>
> Excetuam-se alguns advérbios derivados de adjetivos terminados em -ês.
>
> **Exemplo:**
> Cumprimentou-a cortesmente.
>
> Quando se coordenam vários advérbios terminados em **-mente**, pode-se usar este sufixo apenas no último advérbio.
>
> **Exemplos:**
> O candidato agiu **calma** e **tranquilamente**.
> Estava dormindo calma, **tranquila, mansa** e **sossegadamente**.

- **intensidade**: assaz, bastante, demais, mais, menos, muito, pouco, quão, que, tão, etc.

Exemplo:
Fiquei feliz **demais** ao ver o resultado do concurso.

- **dúvida**: acaso, certamente, certo, decerto, porventura, possivelmente, provavelmente, quiçá, talvez etc.

Exemplo:
Talvez tenha feito boa prova.

- **afirmação**: sim, certamente, certo, decididamente, efetivamente, realmente, deveras, indubitavelmente etc.

Exemplo:
Certamente você passará no concurso.

- **negação**: não.

Exemplo:
Não faça isso.

ADVÉRBIO INTERROGATIVO

Empregado em interrogativas (diretas e/ou indiretas).

Capítulo 3 – Morfologia **141**

DIRETAS	INDIRETAS
Advérbio interrogativo de lugar Onde você está?	**Advérbio interrogativo de lugar** Não sei onde você está.
Advérbio interrogativo de lugar De onde você está vindo?	**Advérbio interrogativo de lugar** Diga-me de onde você está vindo.
Advérbio interrogativo de tempo Quando você ligará para mim?	**Advérbio interrogativo de tempo** Gostaria de saber quando você ligará para mim.
Advérbio interrogativo de modo Como você passou no concurso?	**Advérbio interrogativo de modo** Não sei como você passou no concurso.
Advérbio interrogativo de causa Por que está feliz?	**Advérbio interrogativo de causa** Quero saber por que está feliz.

GRAUS DO ADVÉRBIO

Comparativo

– **De superioridade**: antepõe-se **mais** e pospõe-se **do que** ao advérbio.

Exemplo:
Ele age mais **educadamente** do que você.

– **De igualdade**: antepõe-se a **tão** e pospõe-se **quanto** ao advérbio.

Exemplo:
Ele age tão **educadamente** quanto você.

– **De inferioridade**: antepõe-se **menos** e pospõe-se **do que** ao advérbio.

Exemplo:
Ele age **menos** educadamente do que você.

Superlativo

– **Absoluto sintético**: com o acréscimo de sufixo.

142 LÍNGUA PORTUGUESA

> **Exemplo:**
> Acordei **cedíssimo.**

– **Absoluto analítico**: com o acréscimo de um advérbio.

> **Exemplo:**
> Acordei **muito cedo.**

DICA DO APROVADO!

Na linguagem coloquial (popular), é comum o advérbio receber sufixo diminutivo. Porém, cumpre observar que, nesses casos, o sufixo não possui valor diminutivo, e sim valor **superlativo.**

Exemplos:
Ele chegou **cedinho.** (= *muito cedo*)
Moro **pertinho** de você. (= *muito perto*)

Na linguagem coloquial, a repetição do advérbio assume valor **superlativo.**

Exemplos:
Devo chegar **cedo, cedo.** (= *muito cedo*)
Seus cabelos eram **negros, negros.** (= *muito negros*)

    Locução adverbial: é o conjunto de duas ou mais palavras que tem o mesmo valor de um advérbio. Normalmente sua estrutura é composta de uma preposição e um substantivo.

> **Exemplos:**
> **Com certeza** passarei no concurso. (= **certamente**)
> Ele saiu **às pressas.** (= **apressadamente**)
> Reformaram o prédio **de novo.** (= **novamente**)

PALAVRAS E LOCUÇÕES DENOTATIVAS

    Palavras (e locuções) denotativas: são palavras (e locuções) que não se enquadram nas classes gramaticais, segundo a NGB. Porém, há uma classificação de acordo com a ideia que denotam. A seguir, serão demonstrados os casos mais recorrentes em provas.

Exemplos:

Ideia de ...	Palavra(s) (e locuções) Denotativa(s)	Exemplos
Adição	ademais; além disso; ainda ...	Estudou por seis horas. Além disso, resolveu muitas questões.
Afetividade	ainda bem; felizmente; infelizmente ...	Felizmente todos passaram no concurso.
Designação	eis ...	Eis o resultado final do concurso.
Exclusão	apenas; exceto; sequer; só; somente ...	Todos passaram no concurso, exceto meu vizinho.
Explicação	a saber; isto é; por exemplo ...	Gabaritei a prova, isto é, todas as questões.
Inclusão	até; até mesmo; inclusive; mesmo; também ...	Todos passaram no concurso, inclusive meu vizinho.
Realce	é que; sobretudo ...	Nós é que passaremos no concurso.
Retificação	aliás; isto é; ou melhor; ou seja ...	Você passará no concurso, ou melhor, ficará em primeiro lugar.
Situação	afinal; em suma ...	Você passará no concurso. Afinal, estudou para isso.

PREPOSIÇÃO

Classe gramatical invariável que liga palavras dentro de uma mesma oração.

Exemplos:
Necessito de chocolate.
O aluno estava alheio a tudo.
Preciso de ajuda.

144 LÍNGUA PORTUGUESA

CLASSIFICAÇÃO DAS PREPOSIÇÕES

As preposições subdividem-se em:

- **Essenciais** – desempenham a função típica de preposição, isto é, ligam palavras ou expressões: a, **ante, após, com, até, contra, de, desde, em, entre, para, perante, por, sem, sob, sobre, trás.**
- **Acidentais**: palavras que, originalmente, pertencem a outra classe gramatical, sendo, excepcionalmente, empregadas como preposições: **afora, como, conforme, consoante, fora, exceto, salvo, malgrado, durante, mediante, segundo, menos, que, senão, tirante, visto** etc.

Exemplos:
Temos **que** estudar. (conjunção empregada como preposição)
Todos falaram, **menos** eu. (advérbio empregado como preposição)
Vivia **segundo** sua crença. (conjunção empregada como preposição)

DICA DO APROVADO!

A preposição pode combinar-se com outras palavras. Quando essa junção <u>não</u> acarretar alteração **fonética**, teremos o que denominamos de **combinação (ao).**

Exemplo:
O aluno foi <u>ao</u> curso.
(<u>a</u> (*preposição*) + <u>o</u> (*artigo definido*))

Caso a preposição sofra a redução fonética, teremos o que denominamos de **con-tração (desta, numa).**

Exemplos:
Aquele caderno é <u>desta</u> aluna.
(=<u>de</u> (preposição) + <u>esta</u> (pron. demonstrativo))

O navio está perdido <u>numa</u> ilha desconhecida.
(= <u>em</u> (preposição) + <u>uma</u> (artigo indefinido))

A preposição <u>a</u> pode fundir-se a um outro <u>a</u>, gerando o fenômeno conhecido por **crase** (assunto que será visto adiante).

Exemplos:
Nas férias, os alunos vão <u>à</u> praia.
(= <u>a</u> (preposição) + <u>a</u> (artigo definido))

Iremos <u>à</u>quele teatro amanhã.
(<u>a</u> (preposição) + <u>a</u>quele (pronome demonstrativo))

Capítulo 3 – Morfologia **145**

VALOR SEMÂNTICO DAS PREPOSIÇÕES

As preposições têm o condão de ligar palavras e expressões. Nessas ligações, as preposições podem, ou não, assumir um matiz semântico.

Se as preposições forem apenas uma obrigatoriedade gramatical, vale dizer, se forem desprovidas de significado, diz-se que são preposições **relacionais**.

Exemplos:
Necessito **de** chocolate.
(o verbo **necessitar** rege preposição **de**)

A vida pertence **a** Deus.
(o verbo **pertencer** rege preposição **a**)

O aluno estava alheio **a** tudo.
(o adjetivo **alheio** rege preposição **a**)

É evidente seu interesse **por** ele.
(o substantivo **interesse** rege a preposição **por**)

Porém, há casos em que as preposições estabelecem relações de significado, sendo denominadas preposições **nocionais**. A seguir, demonstraremos os valores semânticos mais recorrentes em concursos públicos.

Exemplos:

A

O filho puxou a̲o pai. (**conformidade**)
Viajamos a̲ Roma. (**destino**)
Façam a prova a̲ caneta. (**instrumento**)

ANTE

Ficou **ante** a porta da faculdade. (**posição frontal**)
Ante a aprovação no concurso, todos ficaram felizes. (**causa**)

ATÉ

Caminhamos **até** o forte de Copacabana. (**espaço**)
Estudou **até** às duas horas da madrugada. (**tempo**)

COM

Os moradores perderam tudo o que tinham <u>com</u> as enchentes. (**causa**)
Amanhã sairei <u>com</u> amigos. (**companhia**)
O Flamengo jogará <u>com</u> o Fluminense. (**oposição**)
A idosa bateu no ladrão <u>com</u> a bengala. (**instrumento**)
<u>Com</u> certeza, iremos ao teatro no feriado. (**afirmação**)
A moça estava atrasada; caminhava <u>com</u> pressa. (**modo**)
No sistema capitalista, as pessoas somente sobrevivem <u>com</u> recursos. (**condição**)

DE

Saí <u>de</u> casa. (**origem**)
Falaram <u>de</u> você. (**assunto**)
O bicheiro caminhava <u>de</u> anel no dedo. (**companhia**)
Andava <u>de</u> lado. (**modo**)
Voltemos <u>de</u> noite. (**tempo**)
Relógio <u>de</u> ouro. (**matéria**)
Livro <u>de</u> um aluno. (**posse**)
Bebemos dois copos <u>de</u> vinho. (**conteúdo**)
Estou <u>sob</u> a mesa. (**lugar**)
Veio <u>de</u> táxi. (**meio**)
Chorou <u>de</u> raiva. (**causa**)

EM

Formou-se <u>em</u> Medicina. (**especialidade**)
Estou <u>em</u> casa. (**lugar**)

PARA

O bombeiro veio <u>para</u> socorrê-lo. (**finalidade**)
Viajou <u>para</u> a Itália. (**destino**)

POR

Comprei o livro <u>por</u> R$300,00. (**preço**)
Enquanto estavam longe, os namorados falavam-se <u>por</u> internet. (**meio**)

Capítulo 3 – Morfologia **147**

SEM

No sistema capitalista, as pessoas não sobrevivem <u>sem</u> recursos. (condição)

Locução prepositiva: duas ou mais palavras equivalentes a uma preposição. É importante ressaltar que o último elemento deve ser, obrigatoriamente, uma preposição essencial.

As locuções prepositivas mais recorrentes em provas são "à frente de", "à espera de", "a fim de", "à beira de", "graças a", "de acordo com", "à procura de".

Exemplos:
Saiu à **procura de** um médico.
O paciente estava à **beira da** morte.
Os familiares estavam à **espera de** um milagre.

CONJUNÇÃO

Classe de palavras que liga orações, sendo o principal fator de coesão textual.

As conjunções podem ser:

CONJUÇÕES COORDENATIVAS

Iniciam orações coordenadas e subdividem-se em:

Aditivas	Conjunções	Exemplos
Apresentam relação de adição. Iniciam as orações coordenadas sindéticas aditivas.	e, nem, mas também, como também, como, não só...mas também, não só... como também, bem como, quanto.	Acordou e estudou. Não estuda **nem** trabalha. Não só estuda, **mas também** trabalha.
Adversativas	**Conjunções**	**Exemplos**
Apresentam ideias opostas, contrastantes. Iniciam as orações coordenadas sindéticas adversativas.	mas, porém, contudo, todavia, entretanto, no entanto, não obstante.	Estudou pouco, **mas** foi aprovado. Não passou na prova, **po-rém** estava determinada. Não estudou, **todavia** obteve a aprovação.

148 LÍNGUA PORTUGUESA

Conclusivas	Conjunções	Exemplos
Estabelecem conclusões a partir do que foi dito inicialmente. Iniciam as orações coordenadas sindéticas conclusivas.	logo, portanto, por isso, então, assim, pois (após o verbo), por conseguinte.	Chegou a tempo, **logo** conseguiu entrar na sala. Estudou bastante, **portanto** está preparado. É estudioso; conseguirá, **pois**, a aprovação.
Alternativas	**Conjunções**	**Exemplos**
Ligam ideias que se alternam ou mesmo se excluem. Iniciam as orações coordenadas sindéticas alternativas.	ou, ou...ou, ora... ora, já...já, quer... quer, seja...seja.	Estude **ou** trabalhe. **Ora** estudava, **ora** trabalhava. **Ou** José **ou** João será o primeiro colocado. Seremos aprovados, **quer** chova **quer** faça sol.
Explicativas	**Conjunções**	**Exemplos**
Explicam ou justificam o que se diz na primeira oração. Iniciam as orações coordenadas sindéticas explicativas.	porque, pois, que, porquanto.	Choveu, **porque** as ruas estão molhadas. Venha logo, **que** vai chover muito.* Era muito estudioso, **porquanto** passou na prova. * Após verbo no imperativo, o que é classificado como conjunção coordenativa explicativa.

CONJUNÇÕES SUBORDINATIVAS

Iniciam orações subordinadas adverbiais, exceto as integrantes, que introduzem orações subordinadas substantivas. Subdividem-se em:

Causais	Conjunções (e locuções)	Exemplos
Apresentam ideia de causa em relação ao fato da oração principal. Iniciam as orações subordinadas adverbiais causais.	porque, pois, que, porquanto, como, já que, uma vez que, visto que	Passei **porque** gabaritei a prova. Estava animado **pois** passou no concurso. **Já que** a prova será amanhã, relaxarei hoje. **Como** estudou muito, gabaritou a prova.

Capítulo 3 – Morfologia **149**

Condicionais	Conjunções (e locuções)	Exemplos
Apresentam ideia de condição, de hipótese necessária para que o fato da oração principal seja realizado ou não. Iniciam as orações subordinadas adverbiais condicionais.	se, caso, desde que, a menos que, salvo se, contanto que, dado que, uma vez que, sem que.	Explicarei a questão, **se** for sua dúvida. **Caso** não consiga, farei novo concurso. Serás aprovado, **desde que** estude mais. **Sem que** estudem, não passarão.

Concessivas	Conjunções (e locuções)	Exemplos
Apresentam uma ideia contrária ao fato da oração principal. Iniciam as orações subordinadas adverbiais concessivas.	embora, ainda que, mesmo que, conquanto, posto que, se bem que, por mais que, por menos que, apesar de que, sem que, que.	**Embora** não estudasse, foi aprovado. Seria aprovado **mesmo que** estudasse pouco. **Conquanto** estudasse mais, não conseguiu êxito.

Comparativas	Conjunções (e locuções)	Exemplos
Apresentam ideia de comparação em relação ao membro da oração principal. Iniciam as orações subordinadas adverbiais comparativas.	que, do que (após *mais, menos, maior, menor melhor, pior*), qual (após *tal*), como, assim como, bem como.	Ele sempre estudou **como** o avô. Joana estuda mais **(do) que** Roberta. O filho é estudioso tal **qual** o pai.

Conformativas	Conjunções (e locuções)	Exemplos
Exprimem ideia de conformidade de um pensamento em relação ao da oração principal. Iniciam as orações subordinadas adverbiais conformativas.	conforme, consoante, segundo, como.	Estudou **como** o pai mandou. Fez a prova **conforme** o professor ensinou.

150 LÍNGUA PORTUGUESA

Consecutivas	Conjunções (e locuções)	Exemplos
Exprimem ideia de consequência do fato declarado na oração principal. Iniciam as orações subordinadas adverbiais consecutivas.	de maneira que, de modo que, de sorte que, que (após tão, tal, tanto, tamanho).	Estudo tanto que gabaritou a prova. Estudei muito, de modo que só será possível a aprovação.

Temporais	Conjunções (e locuções)	Exemplos
Exprimem circunstância de tempo. Iniciam as orações subordinadas adverbiais temporais.	assim que, logo que, que, antes que, depois que, desde que, mal, quando, enquanto.	Entrei quando eles estavam estudando. Assim que começou a chover, iniciei os estudos. Ficou tranquilo depois que soube o resultado do concurso.

Finais	Conjunções (e locuções)	Exemplos
Apresentam ideia de finalidade em relação à oração principal. Iniciam as orações subordinadas adverbiais finais.	a fim de que, que, para que, porque.	Estudou para que passasse no concurso. Direi minhas dúvidas a fim de que você me ensine. Dediquei-me porque a aprovação fosse breve.

Proporcionais	Conjunções (e locuções)	Exemplos
Apresentam ideia de simultaneidade em relação ao fato da oração principal. Iniciam as orações subordinadas adverbiais proporcionais.	à medida que, à proporção que, ao passo que, enquanto, quanto (quanto mais...mais, quanto menos...menos).	Mais preparados ficavam à proporção que estudavam. À medida que corrigia as questões, aumentava nossa expectativa. Quanto mais estudávamos, mais preparados ficávamos.

Integrantes	Conjunções	Exemplos
Iniciam as orações subordinadas substantivas (subjetiva, objetiva direta, objetiva indireta, completiva nominal etc). Podem ser substituídas pela palavra isso.	que e se.	É bom que o problema seja logo resolvido. (= Isso é bom.) Veja se ele já chegou. (= Veja isso.)

capítulo . 4

Sintaxe

CONCEITO

É o estudo das funções dos termos na oração.

FRASE, ORAÇÃO E PERÍODO

Frase nominal: não possui verbo.

Exemplos:
Muito bonito!
Socorro!

Frase verbal (ou oração): contém verbo (expresso ou implícito). Pode ou não ter sentido completo.

Exemplos:
Gosto de estudar; não, de sair.
   1ª oração   2ª oração
O professor deseja que sejamos aprovados.
   1ª oração   2ª oração

Período: expressão verbal que apresenta sentido completo. É iniciado com letra maiúscula e finalizado por um ponto final.

Exemplos:
Gostamos bastante de estudar.
Desejo que todos sejam aprovados.

TERMOS ESSENCIAIS DA ORAÇÃO

Os termos essenciais da oração são o **sujeito** e o **predicado**.

SUJEITO

Conceito: é o termo sobre o qual se faz uma declaração.

Exemplos:
<u>O candidato</u> estudou bastante.
<u>Ana, Mário e Roberta</u> serão aprovados.

CLASSIFICAÇÃO DO SUJEITO

Sujeito simples
Contém apenas um núcleo.

Exemplos:

sujeito simples
O <u>candidato</u> estudou bastante.
    núcleo

sujeito
simples
<u>Muitos</u> serão aprovados.
núcleo

DICA DO APROVADO!

O **núcleo do sujeito** tem natureza **substantiva**.

Exemplos:

O <u>candidato</u> estudou bastante.
  substantivo
  (núcleo)

<u>Muitos</u> serão aprovados.
pronome
substantivo
(núcleo)

Capítulo 4 – Sintaxe   153

Sujeito composto
Contém dois ou mais núcleos.

Exemplos:

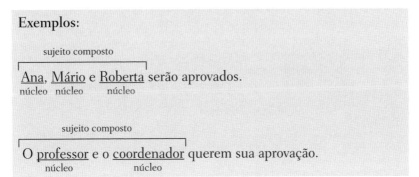

sujeito composto
Ana, Mário e Roberta serão aprovados.
núcleo núcleo   núcleo

sujeito composto
O professor e o coordenador querem sua aprovação.
  núcleo   núcleo

Sujeito indeterminado
Quando há sujeito, mas não se pode especificá-lo. Ocorre em três casos, a saber:
- Verbos na terceira pessoa do plural, sem que o sujeito esteja presente no texto.

Exemplos:
Gritaram muito.
Gostam de você.
Roubaram seu caderno.

- Verbos na terceira pessoa do singular que sejam transitivos indiretos, intransitivos ou de ligação, quando acompanhados da partícula **SE**. Nestes casos, essa partícula é classificada como **índice de indeterminação do sujeito**.

Exemplos:

Precisa-se de ajuda.
  verbo   índice de
 transitivo indeterminação
  indireto   do sujeito

Vive - se bem aqui.
 verbo   índice de
intransitivo indeterminação do sujeito
do sujeito

154 LÍNGUA PORTUGUESA

DICA DO APROVADO!

O sujeito também será indeterminado com verbos transitivos diretos em que haja objetos diretos preposicionados.

Exemplo:

Comeu-se o bolo. (sujeito = o bolo)
pronome
apassivador

Comeu-se do bolo. (sujeito indeterminado)
índice de
indeterminação
do sujeito

Sujeito inexistente (oração sem sujeito)

Quando houver verbos impessoais. Ocorre nos seguintes casos:

- Verbos que indicam fenômenos da natureza no sentido denotativo.

Exemplos:
Ventou muito nos Estados Unidos.
Choveu bastante durante a noite passada.
Antes da chuva, **trovejou** demasiadamente.

DICA DO APROVADO!

No sentido **conotativo**, estes verbos podem ser **pessoais**. Neste caso, haverá **sujeito**, com o qual deverão concordar.

Exemplo:

Após a cerimônia, choveram flores sobre os noivos.
sujeito

- Verbo HAVER
  - na acepção de existir, acontecer ou ocorrer. Neste caso, o verbo é verbo transitivo direto, exigindo um objeto direto como complemento.

Capítulo 4 – Sintaxe **155**

Exemplos:

<u>Houve</u> **muitas falhas** na usina do Japão.
verbo   objeto direto
transitivo
 direto

<u>Há</u> **muitos problemas**.
verbo   objeto direto
transitivo
direto

<u>Haverá</u> **muitos enganos**.
verbo   objeto direto
transitivo
direto

– no sentido de <u>tempo pretérito</u>.

Exemplos:

Há seis meses não a vejo.
Passei no concurso **há** dois anos.

- Verbo <u>FAZER</u>
  – indicando <u>tempo pretérito</u> ou <u>meteorológico</u>.

Exemplos:

<u>Faz</u> seis meses que me casei.
Na década passada, <u>fez</u> verões muito quentes na região sudeste.

- Verbo <u>SER</u>
  – indicando <u>horas</u>, <u>datas</u> ou <u>distâncias</u>.

Exemplos:

Hoje <u>são</u> 23 de junho.
Hoje **é dia** 23 de junho.
<u>São</u> **nove** horas da manhã.
<u>São</u> **doze** horas.
É meio-dia.
De sua casa a escola <u>são</u> quase **trinta** quilômetros.

Sujeito oculto (ou desinencial)
O sujeito é demonstrado pela desinência número-pessoal do verbo.

Exemplos:
Seremos aprovados. (sujeito = nós)
Escreveste uma carta. (sujeito = tu)

PREDICADO

Conceito: é o que se declara do sujeito. Nas orações sem sujeito, é mero enunciador de um fato.

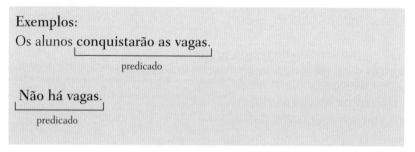

Antes de estudar a classificação do predicado, é necessário tecer alguns comentários acerca da predicação verbal.

PREDICAÇÃO VERBAL

Conceito: é a forma como o verbo se apresenta no predicado.

O verbo pode ser:

Verbo de ligação
Liga o sujeito a uma qualidade, ao predicativo, sem expressar ação. Os principais são **ser, estar, ficar, permanecer, continuar, parecer, tornar-se.**

Exemplo:
O aluno está ansioso.
sujeito verbo de predicativo
         ligação   do sujeito

O aluno parece feliz.
sujeito verbo de predicativo
         ligação   do sujeito

Capítulo 4 – Sintaxe   **157**

É importante ressaltar que os verbos citados acima somente serão de ligação quando houver sujeito e predicativo. Caso contrário, o verbo passará a ser **intransitivo**.

Exemplos:

<u>O aluno</u>   <u>está</u>   <u>em casa</u>.
sujeito   verbo   adjunto
intransitivo   adverbial

<u>O aluno</u>   <u>parece</u>   <u>bem</u>.
sujeito   verbo   adjunto
intransitivo   adverbial

DICA DO APROVADO!

O verbo de ligação pode expressar alguns aspectos.

Exemplos:
O aluno é empenhado. (indica **permanência**)
O aluno está empenhado. (indica **transitoriedade**)

O aluno continua feliz. (indica **efemeridade**)
O aluno parece feliz. (indica **aparência**)

Verbo intransitivo

Verbo de sentido completo. Pode, ou não, vir acompanhado de adjunto adverbial.

Exemplos:

<u>O aluno</u>   <u>viajou</u>.
sujeito   verbo intransitivo

<u>O aluno</u>   <u>viajou</u>   <u>muito</u>.
sujeito   verbo   adjunto
intransitivo   adverbial

DICA DO APROVADO!

Existem verbos intransitivos exigem preposição para compor a estrutura do adjunto adverbial.

158 LÍNGUA PORTUGUESA

DICA DO APROVADO!

Exemplos:

A polícia entrou no morro.
sujeito   verbo   adjunto
  intransitivo   adverbial

Obama chegou ao Brasil.
sujeito   verbo   adjunto
  intransitivo   adverbial

Verbo transitivo

Verbo que necessita de um complemento para que seu sentido seja completo. Triparte-se em:

Verbo transitivo direto

Não exige preposição para se ligar a seu complemento, denominado objeto direto.

Exemplos:

Comi o bolo.
verbo   objeto direto
transitivo
direto

Estude a matéria.
verbo   objeto direto
transitivo
direto

Verbo transitivo indireto

Exige preposição para se ligar a seu complemento, denominado objeto indireto.

Exemplos:

Preciso de sua ajuda.
verbo   objeto indireto
transitivo
indireto

Assisti ao jogo.
verbo   objeto indireto
transitivo
indireto

Verbo transitivo direto e indireto

Exige dois complementos, objetos direto e indireto, para completar seu sentido.

Exemplos:
Contarei tudo a seu marido.
  verbo   objeto objeto indireto
  transitivo direto
  direto e
  indireto

O juiz deu razão ao réu.
       verbo objeto objeto
       transitivo direto indireto
       direto e
       indireto

CLASSIFICAÇÃO DO PREDICADO

O predicado triparte-se em:

Predicado nominal

Tem sua estrutura composta por um verbo de ligação e por um predicativo do sujeito. O verbo tem a função de ligar o sujeito ao predicativo, o qual é o núcleo.

Exemplo:
O aluno está ansioso.
       verbo de predicativo
       ligação do sujeito
       (núcleo)

  predicado nominal

DICA DO APROVADO!

Predicativo é a qualidade, estado ou característica atribuída ao sujeito ou ao objeto.

Exemplos:

O aluno é estudioso.
  verbo de predicativo
  ligação do sujeito

Considero o aluno estudioso.
verbo transitivo objeto predicativo
   direto   direto do objeto

Predicado verbal

Apresenta um verbo transitivo ou intransitivo em sua estrutura. No predicado verbal, o núcleo é o verbo.

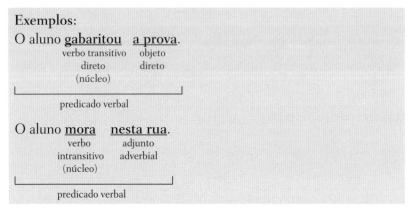

Exemplos:
O aluno **gabaritou** **a prova**.
　　　　verbo transitivo　objeto
　　　　　direto　　　　direto
　　　　　(núcleo)
　　　　└──── predicado verbal ────┘

O aluno **mora** **nesta rua**.
　　　　verbo　　adjunto
　　　intransitivo　adverbial
　　　　(núcleo)
　　　　└──── predicado verbal ────┘

Predicado verbo-nominal

Apresenta um verbo transitivo ou intransitivo e um predicativo (com verbo de ligação subentendido) em sua estrutura. O verbo e o predicativo são os núcleos.

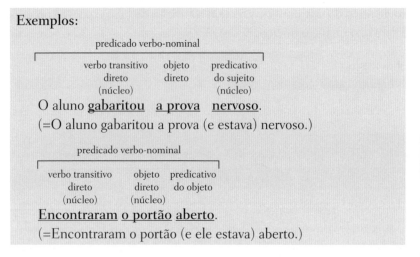

Exemplos:
　　　　　　predicado verbo-nominal
　verbo transitivo　objeto　　predicativo
　　　direto　　　direto　　do sujeito
　　(núcleo)　　　　　　　　(núcleo)
O aluno **gabaritou** **a prova** **nervoso**.
(=O aluno gabaritou a prova (e estava) nervoso.)

　　　　predicado verbo-nominal
　verbo transitivo　objeto　predicativo
　　　direto　　　direto　do objeto
　　(núcleo)　　(núcleo)
Encontraram o portão aberto.
(=Encontraram o portão (e ele estava) aberto.)

TERMOS INTEGRANTES DA ORAÇÃO

Os termos integrantes da oração são **objeto**, **agente da passiva** e **complemento nominal**.

Capítulo 4 – Sintaxe **161**

OBJETO

Conceito: é o complemento verbal. Pode ser:

Objeto direto
Complemento de verbo transitivo direto.

Exemplos: <u>Comi</u> <u>o bolo</u>.
               verbo   objeto direto
               transitivo
               direto

              <u>Estude</u> <u>a matéria</u>.
               verbo   objeto direto
               transitivo
               direto

Objeto direto preposicionado
Complemento de verbo transitivo direto, apresentando, porém, uma preposição.

Exemplos: Eles <u>comeram</u> <u>do bolo</u>.
                  verbo   objeto direto
                  transitivo preposicionado
                  direto

           O policial <u>sacou</u> <u>da arma</u>.
                  verbo   objeto direto
                  transitivo preposicionado
                  direto

Nos exemplos acima, a preposição "**de**" não foi empregada em virtude da obrigatoriedade gramatical (preposição relacional), e sim para a contribuição de sentido (preposição nocional).

DICA DO APROVADO!

O objeto direto preposicionado pode ser empregado para evitar a ambiguidade da frase.

Exemplo: O caçador matou a onça.

No exemplo acima, manteve-se a ordem direta (sujeito – verbo – complemento), o que não traz prejuízo à clareza da frase.

162 LÍNGUA PORTUGUESA

> **DICA DO APROVADO!**
>
> Porém, se a estrutura frasal fosse "Matou o caçador a onça.", a frase tornar-se-ia ambígua. Nesses casos, emprega-se o objeto direto preposicionado para diferençar o sujeito (que não pode ser preposicionado) do objeto. Então:
>
> Matou <u>o caçador</u>   <u>à onça</u>.
>   sujeito   objeto direto preposicionado

Objeto direto interno

Complemento de verbos que, inicialmente, seriam intransitivos, mas que assumem a transitividade direta.

Exemplos: <u>Chorou</u>.
  verbo
  intransitivo

<u>Chorou</u> <u>o choro da madrugada</u>.
  verbo   objeto direto
  transitivo   interno
  direto

<u>Morreu</u>.
  verbo
  intransitivo

<u>Morreu</u> <u>uma morte natural</u>.
  verbo   objeto direto
  transitivo   interno
  direto

Objeto direto pleonástico

O objeto direto aparece repetido na frase.

Exemplo:

<u>O trabalho</u>, entregá-<u>lo</u>-ei ao professor amanhã.

No exemplo acima, a forma pronominal "lo" é uma repetição do objeto direto **o trabalho**.

Objeto indireto

Complemento de verbo transitivo indireto. Sua estrutura sempre é iniciada por uma preposição, **sempre exigida pelo verbo**.

Capítulo 4 – Sintaxe **163**

Exemplos:

Preciso de sua ajuda.
verbo   objeto indireto
transitivo
indireto

Assisti ao jogo.
verbo   objeto indireto
transitivo
indireto

Objeto indireto pleonástico
O objeto indireto aparece repetido na frase.

Exemplo:
Ao professor, entregar-**lhe**-ei o trabalho amanhã.

No exemplo acima, a forma pronominal "**lhe**" é uma repetição do objeto indireto **ao professor**.

AGENTE DA PASSIVA

Conceito: termo que pratica a ação na voz passiva. Só existe *agente da passiva* na voz passiva analítica e sempre será introduzido pelas preposições **por** e **de**.

Exemplos:

Mil pessoas viram o jogo. (voz ativa)

O jogo foi visto **por mil pessoas**. (voz passiva)
                 agente da passiva

O treino deu-lhe a vitória. (voz ativa)

A vitória foi-lhe dada **pelo treino**. (voz passiva)
                 agente da passiva

Todos a estimam. (voz ativa)

Ela é estimada **de todos**. (voz passiva)
             agente da passiva

164 LÍNGUA PORTUGUESA

COMPLEMENTO NOMINAL

Conceito: função que complementa a ideia de um nome (adjetivo, substantivo abstrato e advérbio). Sua estrutura sempre é iniciada por uma preposição.

PARA MEMORIZAR
Complemento nominal
A djetivo – Sua resposta foi <u>ofensiva</u> <u>ao povo</u>. adjetivo   complemento nominal
S ubstantivo abstrato – A criança sente <u>medo</u> <u>da escuridão</u>. subst.   complemento nominal abstrato
A dvérbio – Estudo <u>próximo</u> <u>ao parque</u>. advérbio   complemento nominal

TERMOS ACESSÓRIOS DA ORAÇÃO

Os termos acessórios da oração são **adjunto adnominal, adjunto adverbial, aposto e vocativo.**

ADJUNTO ADNOMINAL

Conceito: termo que sempre se liga a um substantivo (concreto ou abstrato). Apresenta função adjetiva, que somente pode ser exercida por **numerais adjetivos, artigos, pronomes adjetivos, adjetivos e locuções adjetivas.**

PARA MEMORIZAR
Adjunto adnominal
N umeral adjetivo – <u>Três</u> cães latiram. A rtigo – <u>Os</u> cães latiram. P ronome adjetivo – <u>Meus</u> cães latiram. A djetivo – Os cães <u>robustos</u> latiram. } ligam-se ao nome <u>sem</u> preposição } classes com valor adjetivo, isto é, acompanham ou qualificam o substantivo
L ocução adjetiva – Os cães <u>de raça</u> latiram. } <u>com</u> preposição

Capítulo 4 – Sintaxe **165**

DICA DO APROVADO!

Abaixo, seguem as diferenças entre **adjunto adnominal** e **complemento nominal**.

ADJUNTO ADNOMINAL	COMPLEMENTO NOMINAL
Pode ligar-se ao nome **sem** preposição. Exemplo: 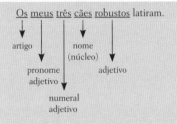	Liga-se ao nome **com** preposição. Exemplo: 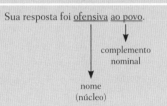
Pode ligar-se ao nome **com** preposição relacionado a: **Substantivo abstrato** Se o termo relacionado ao substantivo abstrato tiver valor <u>agente</u>, será adjunto adnominal. Exemplo: 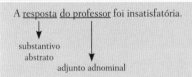	Liga-se ao nome com preposição relacionado a: **Substantivo abstrato** Se o termo relacionado ao substantivo abstrato tiver valor de <u>paciente</u>, será complemento nominal. Exemplo: 
O professor respondeu, ou seja, é o <u>agente</u> da ação. Neste caso, exerce a função de <u>adjunto adnominal</u>.	O público foi respondido, ou seja, é o <u>paciente</u> da ação. Neste caso, exerce a função de <u>complemento nominal</u>.
Se o termo relacionado ao substantivo abstrato tiver valor de <u>possuidor</u>, será adjunto adnominal. Exemplo: 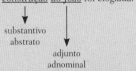	Se o termo relacionado ao substantivo abstrato tiver de <u>paciente</u>, será complemento nominal. Exemplo: 

166 LÍNGUA PORTUGUESA

DICA DO APROVADO!	
A locução <u>do João</u> apresenta um valor de posse. Neste caso, exerce a função de <u>adjunto adnominal</u>.	A locução <u>da casa</u> é o <u>paciente</u> da ação. Logo, exerce a Função de complemento nominal.
Substantivo concreto Se o termo se relacionar a um <u>substantivo concreto</u>, será <u>adjunto adnominal</u>. Exemplo: O <u>anel</u> <u>de ouro</u> foi furtado. ↓ ↓ substantivo concreto ↓ adjunto adnominal	**Adjetivo** Se o termo se relacionar a um <u>adjetivo</u>, será <u>completo nominal</u>. Exemplo: Julgo a ocasião <u>conveniente</u> <u>para mim</u>. ↓ ↓ adjetivo complemento nominal
	Advérbio Se o termo se relacionar a um <u>advérbio</u>, será <u>complemento nominal</u>. Exemplo: Agiu <u>contrariamente</u> <u>ao pensamento</u>. ↓ ↓ advérbio complemento nominal

ADJUNTO ADVERBIAL

Conceito: termo de valor adverbial que modifica um adjetivo, verbo ou advérbio.

Exemplos:
O aluno está **muito** tranquilo.
Estudei **muito** ontem.
Ele escreve **muito** bem.

CLASSIFICAÇÃO

De acordo com sua semântica, o adjunto adverbial pode ser:

Capítulo 4 – Sintaxe **167**

– de causa

Exemplo: O mendigo tremia **de frio**.

– de companhia

Exemplo: O aluno veio **com a família**.

– de negação

Exemplo: Vocês **nunca** serão reprovados.

– de afirmação

Exemplo: **Certamente** vocês serão aprovados.

– de dúvida

Exemplo: **Provavelmente** vocês serão aprovados.

– de finalidade

Exemplo: Com votos da família **de uma vida feliz**.

– de instrumento

Exemplo: Cortei-me **com a faca**.

– de intensidade

Exemplo: Moro **muito** longe.

– de lugar

Exemplo: Obama chegou **ao Brasil**.

– de matéria

Exemplos: Comprei uma lâmina **de aço**.

– de meio

Exemplo: Irei **de táxi**.

– de modo

Exemplo: Vive **com conforto**.

– de tempo

Exemplo: Dorme **durante** o dia.

– de concessão

Exemplo: **Sem os ingressos**, não iremos ao cinema.

APOSTO

Conceito: termo de natureza substantiva que esclarece o sentido de um substantivo ou de um pronome. Em geral, é separado por sinais de pontuação (vírgula, dois pontos etc.).

Exemplo:
Romário, **o gênio da pequena área**, comemorou mil e dois gols.
Só desejo uma coisa: **sua aprovação**.

CLASSIFICAÇÃO

O aposto pode ser:

- Explicativo

Exemplos:
O leão, **rei da selva**, é um animal carnívoro.
Vocês, **os candidatos**, serão aprovados.

- Enumerativo

Exemplos:
Passei nas seguintes matérias: **português, matemática e contabilidade**.
Comprei duas coisas: **uma casa e um carro**.

- Especificativo (ou apelativo)

Exemplos:
A cidade **de São Paulo** é a maior metrópole do Brasil.
Nasci no mês **de maio**.

Capítulo 4 – Sintaxe **169**

- Resumitivo (ou recapitulativo)

Exemplos:
Sexo, drogas e noitadas: **nada** vale a pena.
Chuva e vento forte: **tudo** conspirava contra ele.

- Distributivo

Exemplo:
Gosto muito de <u>Química</u> e de **Física**. **Esta** é muito interessante; <u>aquela</u> me traz algumas dificuldades.
<u>Botafogo</u> e **Palmeiras** têm seus times de futebol: <u>aquele</u> é campeão carioca e **este**, campeão paulista.

DICA DO APROVADO!

O aposto também pode referir-se a uma oração.

Exemplo:
<u>Eles foram aprovados</u>, <u>o</u> que me deixou muito satisfeito.
aposto

VOCATIVO

Conceito: termo utilizado para chamar ou interpelar alguém. Sempre empregado com vírgula. É importante ressaltar que o vocativo não integra a estrutura do sujeito tampouco do predicado.

Exemplos:
Professor, já fiz os exercícios.
Vejam, **meus alunos**, como é fácil a matéria.
Desejo toda sorte a você, **Samara**.

O PERÍODO – CLASSIFICAÇÃO

O período pode ser:

170 LÍNGUA PORTUGUESA

Período simples

Apresenta somente uma oração, denominada **oração absoluta**.

Exemplos:

Meus alunos estudam bastante.

Fabiano desejava a aprovação de todos.

Período composto

Apresenta duas ou mais orações.

Exemplos:

Meus alunos estudam e se divertem bastante.
1ª oração   2ª oração

Fabiano desejava que todos fossem aprovados.
1ª oração   2ª oração

O PERÍODO COMPOSTO

O período composto subdivide-se em dois: **coordenação** e **subordinação**.

Período composto por coordenação

Não apresenta relação de dependência sintática entre suas orações. Em outras palavras, a estrutura sintática da oração assindética é completa, independentemente dos termos situados na oração sindética.

Exemplos:

Meus alunos estudam e se divertem bastante.
1ª oração   2ª oração
(or. coordenada assindética)   (or. coordenada sindética)

Fabiano deseja a aprovação de todos, pois os alunos são estudiosos.
1ª oração   2ª oração
(or. coordenada assindética)   (or. coordenada sindética)

Período composto por subordinação

Apresenta relação de dependência sintática entre as orações. Em outras palavras, a estrutura sintática da oração principal é incompleta, dependendo dos termos situados na oração subordinada.

Capítulo 4 – Sintaxe **171**

Exemplos:

Espero que todos sejam aprovados.
1ª oração   2ª oração
(or. principal)   (or. subordinada)

Fabiano deseja que todos os alunos estudiosos sejam aprovados.
1ª oração   2ª oração
(or. principal)   (or. subordinada)

CLASSIFICAÇÃO DAS ORAÇÕES
ORAÇÕES COORDENADAS

* **Orações coordenadas assindéticas**
Não apresentam conjunção coordenativa expressa em sua estrutura.

Exemplos:
O aluno estuda, trabalha, dorme bastante.
Não o critique: ele está estudando.

* **Orações coordenadas sindéticas**
Apresentam conjunção coordenativa expressa em sua estrutura. As conjunções coordenativas também são chamadas de **síndetos**.

Exemplos:
O aluno estuda e trabalha e dorme bastante.
Não o critique, pois ele está estudando.

As orações **coordenadas sindéticas** subdividem-se em:

– **Aditivas:** apresentam relação de adição.

Exemplos:
Acordou e estudou.
Não estuda nem trabalha.
Não só estuda, mas também trabalha.

– **Adversativas:** apresentam ideias opostas, contrastantes.

Exemplos:

Estudou pouco, **mas** foi aprovado.

Não passou na prova, **porém** estava determinada.

Não estudou, **todavia** obteve a aprovação.

– **Alternativas:** ligam ideias que se alternam ou mesmo se excluem.

Exemplos:

Estude **ou** trabalhe.

Ora estudava, **ora** trabalhava.

Ou José **ou** João será o primeiro colocado.

Seremos aprovados, **quer** chova **quer** faça sol.

– **Conclusivas:** estabelecem conclusões a partir do que foi dito inicialmente.

Exemplos:

Chegou a tempo, **logo** conseguiu entrar na sala.

Estudou bastante, **portanto** está preparado.

É estudioso; conseguirá, **pois,** a aprovação.

– **Explicativas:** explicam ou justificam o que se diz na primeira oração.

Exemplos:

Choveu, **porque** as ruas estão molhadas.

Venha logo, **que** vai chover muito.

Era muito estudioso, **porquanto** passou na prova.

- **Período composto por subordinação**

  – **Oração principal:** não desempenha função sintática em relação a outras orações. Apresenta, internamente, estrutura sintática incompleta.

Exemplo:

Desejo   que os alunos sejam aprovados.

or. principal   or. subordinada

Capítulo 4 – Sintaxe **173**

– **Oração subordinada**: desempenha função sintática (termos essenciais, integrantes ou acessórios) em relação à oração principal.

Exemplo:
Desejo que os alunos sejam aprovados.
or. principal   or. subordinada

No exemplo acima, temos as seguintes funções:

Sujeito desinencial: eu (marcado pela desinência número-pessoal -o).
Verbo transitivo direto (VTD): desejo
Objeto direto oracional: que os alunos sejam aprovados.

As orações subordinadas podem ser **substantivas**, **adverbiais** ou **adjetivas**.

ORAÇÕES SUBORDINADAS SUBSTANTIVAS

Desempenham função equivalente a um **substantivo**. Normalmente, são introduzidas pelas conjunções subordinativas integrantes **que** ou **se**.

Exemplo:
Fabiano deseja a aprovação de vocês.
substantivo

Fabiano deseja que vocês sejam aprovados.
or. subord. substantiva

DICA DO APROVADO!

Para facilitar a análise das orações **subordinadas substantivas**, geralmente faz-se a substituição da conjunção integrante pela palavra **ISSO**.

Exemplo: Fabiano deseja que vocês sejam aprovados.
Fabiano deseja isso.

As **orações subordinadas substantivas** subdividem-se em:

– **Subjetivas**: exercem a função de **sujeito** da oração principal.

174 LÍNGUA PORTUGUESA

Exemplo:

Convém que todos sejam aprovados.

Isso convém.
sujeito

Convém que todos sejam aprovados.
or. subord. substantiva subjetiva

DICA DO APROVADO!

A oração subordinada substantiva subjetiva exerce a função de **sujeito oracional**, pois apresenta verbo em sua estrutura.

Exemplo:

Convém que todos sejam aprovados.
or. subord. substantiva subjetiva

Convém que todos **sejam aprovados**.
sujeito oracional

– **Objetivas diretas**: exercem a função de **objeto direto** da oração principal.

Exemplo:

Fabiano deseja que vocês sejam aprovados.

Fabiano deseja isso.
objeto direto

Fabiano deseja que vocês sejam aprovados.
or. subord. substantiva objetiva direta

DICA DO APROVADO!

A oração subordinada substantiva objetiva direta exerce a função de **objeto direto oracional**, pois apresenta verbo em sua estrutura.

Exemplo:

Fabiano deseja que vocês sejam aprovados.
or. subord. substantiva objetiva direta

Fabiano deseja que vocês **sejam aprovados**.
objeto direto oracional

Capítulo 4 – Sintaxe **175**

– **Objetivas indiretas**: exercem a função de **objeto indireto** da oração principal. Sempre vêm precedidas de preposição.

Exemplo:

Fabiano necessita de que vocês sejam aprovados.

Fabiano necessita disso.
objeto indireto

Fabiano necessita de que vocês sejam aprovados.
or. subord. substantiva objetiva indireta

DICA DO APROVADO!

A oração subordinada substantiva objetiva indireta exerce a função de **objeto indireto oracional**, pois apresenta verbo em sua estrutura.

Exemplo:

Fabiano necessita de que vocês sejam aprovados.
or. subord. substantiva objetiva indireta

Fabiano necessita de que vocês **sejam aprovados**.
objeto indireto oracional

– **Predicativas**: exercem a função de **predicativo do sujeito** da oração principal. Sempre haverá um verbo de ligação na oração principal.

Exemplo:

O melhor é que todos sejam aprovados.

O melhor é isso.
predicativo

O melhor é que todos sejam aprovados.
or. subord. substantiva predicativa

DICA DO APROVADO!

A oração subordinada substantiva predicativa exerce a função de **predicativo do sujeito oracional**, pois apresenta verbo em sua estrutura.

Exemplo:

O melhor é que todos sejam aprovados.
or. subord. substantiva predicativa

O melhor é que todos **sejam aprovados**.
predicativo do sujeito oracional

176 LÍNGUA PORTUGUESA

– **Completivas nominais**: exercem a função de **complemento nominal** da oração principal. Sempre vêm precedidas de preposição.

Exemplo:

O professor tem certeza <u>de que todos serão aprovados</u>.

O professor tem certeza <u>disso</u>.
complemento nominal

O professor tem certeza <u>de que todos serão aprovados</u>.
or. subord. substantiva completiva nominal

DICA DO APROVADO!

A oração subordinada substantiva completiva nominal exerce a função de **complemento nominal oracional**, pois apresenta verbo em sua estrutura.

Exemplo:

O professor tem certeza <u>de que todos serão aprovados</u>.
or. subord. substantiva completiva nominal

O professor tem certeza <u>de que todos serão aprovados</u>.
complemento nominal oracional

– **Apositivas**: exercem a função de **aposto** da oração principal.

Exemplo:

Informaram-me um fato excelente: <u>que todos foram aprovados</u>.

Informaram-me um fato excelente: <u>isso</u>.
aposto

Informaram-me um fato excelente: <u>que todos foram aprovados</u>.
or. subord. substantiva apositiva

DICA DO APROVADO!

A oração subordinada substantiva apositiva exerce a função de **aposto oracional**, pois apresenta verbo em sua estrutura.

Exemplo:

Informaram-me um fato excelente: <u>que todos foram aprovados</u>.
or. subord. substantiva apositiva

Capítulo 4 – Sintaxe **177**

DICA DO APROVADO!

Informaram-me um fato excelente: <u>que todos foram aprovados</u>.
aposto oracional

- **Agentes da passiva**: exercem a função de **agente da passiva** da oração principal.

Exemplo:
A prova foi gabaritada <u>por quem estava calmo</u>.

CUIDADO!

As orações subordinadas substantivas agentes da passiva não admitem a substituição pelo pronome demonstrativo **isso**, devido ao fato de, neste tipo oracional, ser empregado um pronome indefinido. Desta forma, recomenda-se a substituição pelo pronome indefinido **alguém**.

Exemplo:

A prova foi gabaritada <u>por alguém</u>.
agente da passiva

A prova foi gabaritada <u>por quem estava calmo</u>.
or. subord. substantiva agente da passiva

DICA DO APROVADO!

A oração subordinada substantiva agente da passiva exerce a função de **agente da passiva oracional**, pois apresenta verbo em sua estrutura.

Exemplo:

A prova foi gabaritada <u>por quem estava calmo</u>.
or. subordinada substantiva agente da passiva

A prova foi gabaritada <u>por quem **estava** calmo</u>.
agente da passiva oracional

ORAÇÕES SUBORDINADAS ADVERBIAIS

Desempenham função equivalente a um **advérbio**. São introduzidas pelas conjunções (e locuções) subordinativas, exceto as integrantes **que** e **se**.

178 LÍNGUA PORTUGUESA

As **orações subordinadas adverbiais** subdividem-se em:
– **Causais**: apresentam ideia de causa em relação ao fato da oração principal.

Exemplos:
Passei **porque gabaritei a prova.**
Estava animado **pois passou no concurso.**
Já que a prova será amanhã, relaxarei hoje.
Como estudou muito, gabaritou a prova.

DICA DO APROVADO!

É importante estabelecer a diferença entre oração coordenada explicativa e oração subordinada adverbial causal.

Oração coordenada explicativa	Oração subordinada adverbial causal
Após orações no imperativo;	Relação de causa e consequência;
Não pode ser trocada por uma oração reduzida de infinitivo, sem que haja prejuízo para a coerência da frase. **Exemplo:**	Pode ser trocada por uma oração reduzida de infinitivo, sem que haja prejuízo para a coerência da frase. **Exemplo:**
Não brinque na terra, **porque** pegará verminose. imperativo negativo	Ele pegou verminose **porque brincou na terra**. consequência causa
Não brinque na terra, **porque pegará verminose**. não é possível substituir por oração reduzida de infinitivo	Ele pegou verminose **por brincar na terra**. oração reduzida de infinitivo

– **Condicionais**: apresentam ideia de condição, de hipótese necessária para que o fato da oração principal seja realizado ou não.

Exemplos:
Explicarei a questão, **se for sua dúvida.**
Caso não consiga, farei novo concurso.
Serás aprovado, **desde que estude mais.**

– **Concessivas**: apresentam uma ideia contrária ao fato da oração principal.

Exemplos:
Embora não estudasse, foi aprovado.

Seria aprovado **mesmo que estudasse pouco.**
Conquanto estudasse mais, não conseguiu êxito.

- **Comparativas:** apresentam ideia de comparação em relação ao membro da oração principal.

Exemplos:
Ele sempre estudou **como o avô.**
Joana estuda **mais (do) que Roberta.**
O filho é estudioso **tal qual o pai.**

- **Conformativas:** exprimem ideia de conformidade de um pensamento em relação ao da oração principal.

Exemplos:
Estudou **como o pai mandou.**
Fez a prova **conforme o professor ensinou.**

- **Consecutivas:** exprimem ideia de consequência do fato declarado na oração principal.

Exemplos:
Estudo tanto **que gabaritou a prova.**
Estudei muito, **de modo que só será possível a aprovação.**

- **Temporais:** exprimem circunstância de tempo em relação à oração principal.

Exemplos:
Entrei **quando eles estavam estudando.**
Assim que começou a chover, iniciei os estudos.
Ficou tranquilo **depois que soube o resultado do concurso.**

- **Finais:** apresentam ideia de finalidade em relação à oração principal.

Exemplos:
Estudou **para que passasse no concurso.**
Direi minhas dúvidas **a fim de que você me ensine.**
Dediquei-me **porque a aprovação fosse breve.**

180 LÍNGUA PORTUGUESA

– **Proporcionais**: apresentam ideia de simultaneidade em relação ao fato da oração principal.

Exemplos:
Mais preparados ficavam **à proporção que estudavam.**
À medida que corrigia as questões, aumentava nossa expectativa.
Quanto mais estudávamos, mais preparados ficávamos.

DICA DO APROVADO!

Para analisar a relação entre as orações deve-se observar o valor semântico no contexto.
Exemplos:
– Não estudou, **mas** foi aprovado. (ser aprovado apresenta ideia de **adversidade** em relação ao fato de não estudar)
– Não só trabalha, **mas também** estuda. (a locução **mas também** traz a ideia de **adição**; equivale à conjunção **e**)

– Estudou **e** foi ao teatro. (a conjunção **e** apresenta valor de **adição**: soma a ideia de estudar com a de ir ao teatro)
– Estudou, **e** não gabaritou a prova. (não gabaritar a prova apresenta ideia de **adversidade** em relação à ação de estudar)

– **Tanto** estudava **como** praticava exercícios físicos. (a correlação **tanto ... como** apresenta ideia de **adição**)
– **Como** estudou pouco, não fez a prova. (em início de período, a conjunção **como** denotará **causa**; equivale a **já que**)
– O concurso era fácil **como** o vestibular. (a conjunção **como** compara o concurso e o vestibular, denotando uma **comparação**)

– Alterei a programação, **como** o chefe determinara. (a programação foi alterada consoante as determinações do chefe, denotando uma **conformação**)

– Estudou à noite; estava, **pois**, com sono. (posposto ao verbo, a conjunção **pois** apresenta valor de **conclusão**)
– Faça os exercícios, **pois** desejo vê-lo aprovado. (após verbo no imperativo, a conjunção **pois** denota **explicação**)
– Ele passou no concurso, **pois** gabaritou a prova. (gabaritar a prova é a **causa** de ele ter passado no concurso)

ORAÇÕES SUBORDINADAS ADJETIVAS

Desempenham função equivalente a um **adjetivo**. Sempre são introduzidas por **pronomes relativos**.

Capítulo 4 – Sintaxe **181**

As **orações subordinadas adjetivas** subdividem-se em:

– **Explicativas**: acrescentam uma qualidade acessória ao antecedente, esclarecendo melhor sua significação. Se retiradas do período, não prejudicam o sentido da frase. Sempre aparecem entre sinais de pontuação (vírgulas, travessões ou parênteses).

Exemplos:
As frutas, **que estavam maduras**, caíram no chão.
Os soldados, **que eram espertos**, entenderam a ordem.
Os candidatos – **cujas notas são boas** – serão aprovados.

– **Restritivas**: limitam e restringem a significação do antecedente. São indispensáveis ao sentido da frase. Não aparecem entre sinais de pontuação (vírgulas, travessões, parênteses).

Exemplos:
As frutas **que estavam maduras** caíram no chão.
Os soldados **que eram espertos** entenderam a ordem.
Os candidatos **cujas notas são boas** serão aprovados.

DICA DO APROVADO!

Como se percebe acima, a alteração da pontuação altera o valor semântico da frase.
Exemplos:
As frutas, **que estavam maduras**, caíram no chão.
(= As frutas caíram no chão **porque** estavam maduras.)

As frutas **que estavam maduras** caíram no chão.
(= **Somente** as frutas que estavam maduras caíram no chão.)

Os soldados, **que eram espertos**, entenderam a ordem.
(= Os soldados entenderam a ordem **porque** eram espertos.)

Os soldados **que eram espertos** entenderam a ordem.
(= **Somente** os soldados que eram espertos entenderam a ordem.)

Os candidatos – **cujas notas são boas** – serão aprovados.
(=Os candidatos serão aprovados **porque** suas notas são boas.)

Os candidatos **cujas notas são boas** serão aprovados.
(=**Somente** os candidatos que têm boas notas serão aprovados.)

182 LÍNGUA PORTUGUESA

Além das orações subordinadas substantivas, adverbiais e adjetivas, também há as orações reduzidas.

ORAÇÕES SUBORDINADAS REDUZIDAS

São orações que têm o verbo em uma das formas nominais: **infinitivo**, **gerúndio** ou **particípio**.

As orações reduzidas também se classificam em substantivas, adverbiais e adjetivas. É importante ressaltar, porém, que as orações reduzidas não têm conectivos (pronomes relativos, conjunções).

Exemplos:

Convém **passar no concurso**.
or. subordinada substantiva
subjetiva reduzida de infinitivo

Desejo **ser aprovado no concurso**.
or. subordinada substantiva objetiva
direta reduzida de infinitivo

Passando no concurso, entrarei em férias.
or. subordinada adverbial temporal
reduzida de gerúndio

Não fazendo um dia ensolarado, iremos à praia.
or. subordinada adverbial concessiva
reduzida de gerúndio

Aprovados no concurso, entraremos em férias.
or. subordinada adverbial temporal
reduzida de particípio

Conhecidos os autores, o crime será solucionado.
or. subordinada adverbial condicional
reduzida de particípio

SINTAXE DE CONCORDÂNCIA

A expressão **sintaxe de concordância** significa a relação que se estabelece:

a) entre o verbo da oração e o sujeito dela, chamada **concordância verbal**; e

Capítulo 4 – Sintaxe **183**

b) entre o artigo, o adjetivo, o numeral adjetivo, o pronome adjetivo e o substantivo ao qual se referem, denominada **concordância nominal**.

CONCORDÂNCIA VERBAL

Regra geral: o verbo concorda com o núcleo do sujeito em número e pessoa.

> **Exemplo:**
>
> núcleo
> O <u>método</u> de estudo dos jovens raramente <u>conta</u> com a sabedoria dos mais velhos.
>
> núcleo
> Os <u>métodos</u> de estudo dos jovens raramente <u>contam</u> com a sabedoria dos mais velhos.

PARTICULARIDADES

- Concordância com o sujeito simples
  - **Anteposto ou posposto ao verbo**: o verbo concordará em número e pessoa com o núcleo do sujeito.

> **Exemplos:**
>
> Um <u>minuto</u> ainda <u>resta</u> aos candidatos.
> núcleo
> do sujeito
>
> Aos candidatos ainda <u>restam</u> **alguns** <u>minutos</u>.
> núcleo do
> sujeito

- Cocordância com o sujeito composto
  - **Anteposto ao verbo**: o verbo deve ser flexionado na terceira pessoa do plural (concordância gramatical).

184 LÍNGUA PORTUGUESA

Exemplos:
O pai e seu filho <u>seguiam</u> pela estrada. (concordância gramatical)

- **Posposto ao verbo:** verbo no plural (concordância gramatical) ou no singular (concordância atrativa).

Exemplo:
<u>Seguiam</u> pela estrada <u>o pai e seu filho</u>. (concordância gramatical)
<u>Seguia</u> pelo caminho <u>o pai</u> e seu filho. (concordância atrativa)

- **Resumido por pronomes indefinidos TUDO e NADA:** o verbo permanece na terceira pessoa do singular.

Exemplo:
Chuva e vento forte: **tudo** <u>conspirava</u> para que ele desistisse.

- Concordância com o sujeito oracional
  - O verbo permanece, obrigatoriamente, na terceira pessoa do singular.

Exemplo:
Jogar dados com o Universo não <u>estaria</u> nos hábitos e procedimentos de Deus.
<u>Cabe</u> aos pais e professores **proporcionar às crianças espaço e tempo para as atividades físicas.**

- Sujeitos ligados pela conjunção "OU"
  - indicando **exclusão**, o verbo permanecerá no singular (concordância atrativa).

Exemplo:
João ou José **será** o primeiro colocado.
Vasco ou Botafogo **conquistará** o campeonato brasileiro de 2011.

- indicando **soma**, o verbo deverá ser flexionado no plural (concordância gramatical).

> **Exemplo:**
> O calor excessivo ou o frio intenso **prejudicam** a saúde.
> O sol ou a chuva não nos **impedirão** de ir ao cinema.

- Sujeito partitivo
  - com as expressões **grande parte de, a maior parte de, a menor parte de, a maioria de, a minoria de, um terço de**, seguidas de palavras no plural, o verbo pode concordar tanto no singular quanto no plural.

> **Exemplo:**
> **Grande número de candidatos** não **compareceu / compareceram** à prova.
> **A maior parte dos funcionários** optou / **optaram** pelo ponto facultativo.
> **Um terço dos alunos** protestou / **protestaram** contra a falta de professores.

- Voz passiva sintética (VTD + SE)
  A voz passiva sintética será caracterizada quando um verbo **transitivo direto** ou **transitivo direto e indireto** estiver acompanhado do pronome "**se**" (**pronome apassivador**). Com o acréscimo da partícula "**se**", o termo que desempenhava a função de **objeto direto** transforma-se em **sujeito**. Logo, o verbo deve concordar com ele em número e pessoa.

> **Exemplos:**
>
> Leu <u>o livro</u>.   Leu-se <u>o livro</u>.   Leram-se <u>os livros</u>.
>   objeto direto   sujeito   sujeito
>
> Matou <u>o tigre</u>.   Matou-se <u>o tigre</u>.   Mataram-se <u>os tigres</u>.
>   objeto direto   sujeito   sujeito

186 LÍNGUA PORTUGUESA

OBSERVAÇÃO!

Os verbos **transitivo indireto, intransitivo e de ligação,** quando acompanhados da partícula "se", formarão o **sujeito indeterminado,** sendo a partícula denominada **índice de indeterminação do sujeito.**

Exemplos:

<u>Necessitava</u> - <u>se</u>, na semana da prova, <u>de mais estudos</u>. (Sujeito indeterminado)
verbo transitivo   índice de   objeto indireto
indireto   indeterminação
                  do sujeito

<u>Estava</u> - <u>se</u> muito feliz com o resultado das provas. (Sujeito indeterminado)
verbo de   índice de
ligação   indeterminação
          do sujeito

<u>Morria</u> - <u>se</u> de tédio nas noites de inverno. (Sujeito indeterminado)
verbo   índice de
intransitivo   indeterminação
           do sujeito

DICA DO APROVADO!

Quando, na voz passiva sintética, houver sujeito oracional, o verbo obrigatoriamente permanecerá na terceira pessoa do singular.

Exemplo:

<u>Subentende</u> -<u>se</u>   <u>que vocês serão aprovados</u>.
verbo transitivo   pronome   sujeito oracional
direto   apassivador

- **Verbo haver**
  - na acepção de <u>existir</u>, <u>acontecer</u> ou <u>ocorrer</u>, o verbo haver é impessoal, devendo ficar na terceira pessoa do singular. Além disso, é verbo transitivo direto, exigindo um objeto direto como complemento.

Exemplos:

<u>Houve</u> <u>**muitas falhas**</u> na usina do Japão.
verbo   objeto direto
transitivo
direto

<u>Há</u> <u>**muitos problemas**</u>.
verbo   objeto direto
transitivo
direto

Há *Capítulo 4 – Sintaxe* **187**

<u>Haverá</u> **<u>muitos enganos</u>**.
verbo   objeto direto
transitivo
direto

CUIDADO!

Quando o verbo **haver** for o principal de uma locução verbal, será impessoal, transmitindo sua impessoalidade ao verbo auxiliar, que deve permanecer na terceira pessoa do singular.

Exemplo:

Não <u>deixará de haver</u> aprovados neste concurso.

Quando o verbo **haver** for auxiliar da locução verbal, deverá flexionar–se para concordar com o sujeito, caso necessário.

Exemplos:

<u>Haverão de passar</u> no concurso, se **vocês** estudarem com afinco e disciplina.

DICA DO APROVADO!

Os verbos **existir, acontecer** e **ocorrer** são pessoais. Portanto, devem concordar com o sujeito.

Exemprlos:

Ontem existiram <u>muitas falhas</u> na usina do Japão.
                  sujeito

(= **Muitas falhas** existiram ontem na usina do Japão.)

Acontecem <u>muitos problemas</u>. (= **Muitos problemas** acontecem.)
          sujeito

Ocorrerão <u>muitos enganos</u>. (=**Muitos enganos** ocorrerão.)
        sujeito

– no sentido de <u>tempo pretérito</u>, o verbo haver é impessoal, devendo permanecer na terceira pessoa do singular.

Exemplos:

Há seis meses não a vejo.

Passei no concurso **há** dois anos.

188 LÍNGUA PORTUGUESA

- Verbo fazer
    - indicando <u>tempo pretérito</u> ou <u>meteorológico</u>, o verbo fazer é impessoal, devendo ficar na terceira pessoa do singular.

Exemplos:
<u>Faz</u> seis meses que me casei.
Na década passada, <u>fez</u> verões muito quentes na região sudeste.

DICA DO APROVADO!

Atenção especial às inversões sintáticas.

Exemplo:
<u>Faz</u> dois dias de vida <u>os bebês</u>. (**errado**)
sujeito

Em virtude de o sujeito estar no plural, o verbo também deve ser flexionado nesse número. No exemplo acima, o sujeito (os bebês) está posposto à forma verbal da oração.

<u>Fazem</u> dois dias de vida <u>os bebês</u>. (**correto**)

- Verbo ser
    - indicando <u>horas</u>, <u>datas</u> ou <u>distâncias</u>. Neste caso, concordará, em regra, com o número de dias, de horas ou com a medida.

Exemplos:
Hoje <u>são</u> **23** de junho.
Hoje <u>é</u> **dia** 23 de junho.
<u>São</u> **nove** horas da manhã.
<u>São</u> **doze** horas.
<u>É</u> **meio-dia**.
De sua casa a escola <u>são</u> **trinta** quilômetros.

- nas expressões <u>é pouco</u>, <u>é muito</u>, torna-se invariável.

Exemplos:
Cem reais é <u>pouco</u>.
Três horas é <u>muito</u>.

- com sujeito formado por <u>tudo</u>, a concordância pode ser feita no singular ou no plural.

Capítulo 4 – Sintaxe **189**

Exemplos:
Tudo é flores.
Tudo são flores.

- Verbos dar, bater, tocar e soar
  - o verbo concordará, obrigatoriamente, com o sujeito da frase. Caso este não exista na oração, o verbo concordará com a expressão numérica.

Exemplos:
O relógio **deu** duas horas.
    sujeito

No relógio **deram** duas horas.
  adj. adverbial

Já **soaram oito** horas.

O relógio já **soou** oito horas.
    sujeito

- Verbos parecer e costumar
  Os verbos **parecer** e **costumar** podem:

  - relacionar-se a outras formas verbais, constituindo uma locução verbal. Nesta hipótese, concordarão em número e pessoa com o sujeito, caso seja necessário.

Exemplos:
Os dias **parecem** voar.
As crianças **costumam** brincar.

DICA DO APROVADO!

Quando o verbo **haver** for o principal de uma locução verbal, transmitirá sua impessoalidade ao verbo auxiliar, que deve permanecer na terceira pessoa do singular.

Exemplo:
Costuma haver **traços marcantes** em algumas pessoas.
            sujeito

190 LÍNGUA PORTUGUESA

– formar, sozinhos, a oração principal de um período. Neste caso, deverão apresentar-se na terceira pessoa do singular para concordar com o sujeito oracional.

Exemplos:
Os dias **parece** <u>voarem</u>. (= ISSO parece.)
As crianças **costuma** <u>brincarem</u>. (= ISSO costuma.)

- **Pronomes relativos "que" e "quem"**
  – **QUE**: o verbo concorda com o antecedente.

Exemplos:
Segundo as palavras do chefe, fui **eu** que <u>redigi</u> o documento.
Existem **as condições de vida concreta** que <u>marcam</u> nosso cotidiano.

  – **QUEM**: o verbo ou concorda com o antecedente, ou com o pronome relativo "**quem**". Neste último caso, irá para a 3ª pessoa do singular.

Exemplo:
Segundo as palavras do chefe, fui **eu** <u>quem</u> **redigi** / <u>redigiu</u> o documento.

- **Pronome indefinido ou interrogativo + de + pronome pessoal**
  – como regra geral, o verbo concorda com o **pronome** (sujeito).

Exemplos:
<u>Algum</u> de vós <u>sairá</u> antes?
<u>Qual</u> de vocês <u>passará</u> no concurso?

  – se o pronome pessoal estiver no plural, o verbo poderá concordar com o ele.

Exemplos:
Alguns de <u>vós</u> <u>saireis</u> antes?
Quais de <u>vocês</u> <u>passarão</u> no concurso?

Capítulo 4 – Sintaxe **191**

- Cerca de, perto de, mais de, menos de + numeral
  - o verbo <u>sempre</u> concordará com o numeral.

Exemplos:
Cerca de <u>setenta</u> alunos <u>estavam</u> presentes.
Perto de <u>noventa</u> por cento dos alunos <u>foram</u> aprovados.
Menos de <u>dois</u> policiais <u>foram</u> mortos.

DICA DO APROVADO!

Com a expressão **mais de um**, o verbo só irá para o **plural** quando houver ideia de **reciprocidade** ou quando a expressão surgir **repetida**.

<u>Mais de uma</u> máquina **estava** parada.
<u>Mais de um</u> deputado **se ofenderam**.
<u>Mais de uma</u> flor, <u>mais de uma</u> folha **foram** arrancadas.

- Substantivo próprio precedido de artigo plural
  - o verbo concorda com o artigo.

Exemplos:
Os Estados Unidos **geram** muitos conflitos.
As Minas Gerais **produzem** o melhor queijo.
Os Lusíadas **contribuíram** muito para a Literatura Portuguesa.

DICA DO APROVADO!

Se o substantivo próprio estiver sem artigo, o verbo ficará no singular.

Exemplos:
Estados Unidos **gera** muitos conflitos.
Minas Gerais **produz** o melhor queijo.
Lusíadas **contribuiu** muito para a Literatura Portuguesa.

- Expressão de realce "é que"
  - é invariável, devendo permanecer no singular.

Exemplo:
Nós **é que** seremos aprovados.

CONCORDÂNCIA NOMINAL

Regra geral: O artigo, o adjetivo, o pronome adjetivo e o numeral adjetivo concordam com o substantivo a que se referem em gênero e número.

Exemplos:
Comprei um carro para **meu irmão**.
Comprei um carro para **minha irmã**.
Aquelas duas pessoas vieram à reunião.
Aqueles dois cidadãos vieram à reunião.

ADJETIVO RELACIONADO A MAIS DE UM SUBSTANTIVO

– **Substantivos de mesmo gênero**: adjetivo no plural e nesse gênero. Porém, pode concordar apenas com o substantivo mais próximo.

Exemplos:
Comprei **sapato** e **cinto** <u>novos</u>. (concordância gramatical)
Comprei **sapato** e **cinto** <u>novo</u>. (concordância atrativa)
Comprei **blusa** e **meia** <u>novas</u>. (concordância gramatical)
Comprei **blusa** e **meia** <u>nova</u>. (concordância atrativa)

– **Substantivos de gêneros diferentes**: adjetivo no plural e no gênero masculino. Porém, pode concordar apenas com o substantivo mais próximo.

Exemplos:
Comprei **sapato** e **blusa** <u>novos</u>. (concordância gramatical)
Comprei **sapato** e **blusa** <u>nova</u>. (concordância atrativa)

– **Substantivos pospostos**: o adjetivo deverá concordar com o substantivo mais próximo.

Exemplo:
Comprei <u>novo</u> **sapato** e **blusa**. (concordância atrativa)
Comprei <u>nova</u> **blusa** e **sapato**. (concordância atrativa)

Capítulo 4 – Sintaxe **193**

DICA DO APROVADO!

Se os substantivos pospostos forem **nomes próprios** ou indicarem **graus de parentesco** e **títulos de nobreza**, a concordância deverá ser gramatical.

Exemplo:
Falei com os **empenhados** Dario e Samara. (concordância gramatical)
Vi os **charmosos** tia e tio passeando à beira da praia. (concordância gramatical)
Escrevi uma carta aos **honestos** princesa e príncipe. (concordância gramatical)

CONCORDÂNCIA COM NUMERAIS

- **Numeral ordinal**
  - Caso o numeral ordinal esteja precedido de artigo, o substantivo poderá ficar no singular ou no plural.

Exemplo:
O **primeiro** e o **quinto** classificado estudaram comigo (concordância atrativa)
O **primeiro** e o **quinto** classificados estudaram comigo. (concordância gramatical)

  - Se apenas o primeiro numeral ordinal estiver precedido de artigo, o irá ao plural.

Exemplo:
O **primeiro** e **quinto** classificados estudaram comigo. (concordância gramatical)

- **Numeral cardinal**
  - Admite a seguinte construção no verbete jurídico:

    O nome do réu está **a folhas vinte e um** do processo.

PARTICULARIDADES

- ALERTA E MENOS
  - São advérbios. Portanto, invariáveis.

194 LÍNGUA PORTUGUESA

> **Exemplo:**
> Os soldados estão sempre **alerta**.
> A moça teve **menos** paciência para resolver o caso.

- ANEXO, QUITE, INCLUSO E LESO
  - São adjetivos. Portanto, são variáveis.

> **Exemplos:**
> As cartas estão **anexas** ao restante da documentação.
> Estou **quite** com a mensalidade do curso.
> Estamos **quites** com a mensalidade do curso.
> As listas **inclusas** estavam com o restante da documentação.
> Ele cometeu um crime de **lesa**-pátria.
> Ele cometeu um crime de **leso**-patriotismo.

- EM ANEXO, EM INCLUSO, EM APENSO
  - São locuções adverbiais. Logo, invariáveis.

> **Exemplos:**
> Entreguei as documentações **em anexo**.
> As listas **em incluso** foram vetadas.
> O pedido seguiu **em apenso** à documentação.

- BASTANTE
  - Será **pronome indefinido** quando anteceder nomes. Portanto, poderá variar.

> **Exemplos:**
> Havia bastantes pessoas na festa.
> Comprei bastantes frutas.
> Tenho bastantes novidades.

  - Será **adjetivo** quando estiver posposto a nomes. Nesse caso, equivalerá a **suficiente(s)**, podendo variar.

Capítulo 4 – Sintaxe **195**

Exemplos:
Havia pessoas **bastantes** na festa.
Comprei fruta **bastante**.
Comprei frutas **bastantes**.

– Será **advérbio** quando se relacionar a adjetivos, verbos e advérbios. Nesse caso, permanecerá invariável.

Exemplos:
Choveu **bastante**.
Choveu **bastante** ontem.
As moças são **bastante** bonitas.

- MEIO
  – Será **numeral fracionário** quando se relacionar a nomes. Nesse caso, equivalerá a **metade**, sendo variável.

Exemplos:
Bebi **meio** copo de vinho.
Bebi **meia** xícara de café.
Agora é **meio**-dia e **meia**.

– Será **advérbio** quanto se relacionar a adjetivos, verbos e advérbios. Portanto, será invariável.

Exemplos:
Ela anda **meio** cansada.
Elas andam **meio** cansadas.

- OBRIGADO
  – É variável.

Exemplos:
O rapaz disse muito **obrigado**.
Os rapazes disseram muito **obrigados**.

196 LÍNGUA PORTUGUESA

A moça disse muito **obrigada**.
As moças disseram muito **obrigadas**.

- MESMO
  - Significando **próprio** é variável.

Exemplos:
Ele **mesmo** (**próprio**) veio falar comigo.
Elas **mesmas** (**próprias**) vieram falar comigo.

  - Significando **até mesmo** é invariável.

Exemplos:
Mesmo (**até mesmo**) ele passou no concurso.
Mesmo (**até mesmo**) ela passou no concurso.

- PSEUDO
  - É prefixo. Logo, invariável.

Exemplo:
Eles são **pseudo**-patriotas.

- TODO
  - Será **pronome indefinido** quando se relacionar a nomes. Portanto, será variável.

Exemplo:
Todos os candidatos foram aprovados.

  - Será **advérbio** quando se relacionar a adjetivos, verbos e advérbios. Portanto, permanecerá invariável.

Exemplo:
Ela está **todo** preocupada.

Capítulo 4 – Sintaxe **197**

> **DICA DO APROVADO!**
>
> No adjetivo composto **todo-poderoso**, será invariável.
>
> **Exemplo:** Ele é o **todo**-poderoso.
> Ela é a **todo**-poderosa.

- UM E OUTRO E NEM UM NEM OUTRO
  - Essas expressões exigem o substantivo no singular.

> **Exemplo:**
> Um e outro <u>candidato</u> passou / passaram no concurso.
> Nem um nem outro <u>curso preparatórios</u> entrou / entraram em contato.

- POSSÍVEL
  - Com as expressões **o mais, o menos, o melhor, o pior**, o adjetivo **possível** deverá permanecer no singular.

> **Exemplo:**
> São os candidatos **o mais** inteligentes **possível**.

  - Com as expressões **os mais, os menos, os melhores, os piores**, o adjetivo **possível** irá ao plural.

> **Exemplo:**
> São os candidatos **os mais** inteligentes **possíveis**.

- SÓ
  - Será **adjetivo** quando significar **sozinho**. Portanto, poderá variar.

> **Exemplos:**
> Ele arrumou o quarto **só**.
> Eles arrumaram o quarto **sós**.

198 LÍNGUA PORTUGUESA

– Será **advérbio** quando significar **somente, apenas**. Portanto, permanecerá invariável.

Exemplos:
Só ela passou no concurso.
Só elas passaram no concurso.

DICA DO APROVADO!

A locução adjetiva **a sós** é invariável.
Exemplo:
Ficávamos **a sós** em casa.

---

* HAJA VISTA
  – O verbo será invariável caso o nome a que se refere esteja no singular.

Exemplo:
Esforçou-se para passar no concurso, <u>haja vista</u> o exemplo do tio.

  – O verbo poderá ficar no singular ou no plural, caso o nome a que se refere esteja no plural.

Exemplo:
Esforçou-se para passar no concurso, <u>haja vista</u> os exemplos familiares.
Esforçou-se para passar no concurso, <u>hajam vista</u> os exemplos familiares.

* É BOM, É NECESSÁRIO, É PRECISO, É PERMITIDO, É PROIBIDO
  – Quando o sujeito dessas expressões estiver determinado (por artigos, pronomes ou numerais adjetivos), a concordância será feita normalmente.

Exemplos:
É **proibida a** entrada.
Esta água é **boa** para a saúde.

Capítulo 4 – Sintaxe **199**

– Caso não haja determinante, a expressão ficará invariável.

Exemplos:
É **proibido** entrada.
Água é **bom** para a saúde.

SINTAXE DE REGÊNCIA

A expressão **sintaxe de regência** significa o **uso ou não de preposição** e analisa:

a) casos em que substantivos, adjetivos, advérbios regem preposições, denominados **regência nominal**; e

b) casos em que o verbo rege preposições ou tem o seu sentido modificado em virtude do emprego de alguma delas, denominados **regência verbal**.

REGÊNCIA NOMINAL

É a relação, intermediada por uma preposição, entre um **substantivo**, **adjetivo** ou **advérbio** e seu respectivo complemento.

Exemplos:
Todos vocês têm <u>capacidade</u> <u>**para** passar no concurso</u>.
                  substantivo   complemento nominal

Este livro é <u>útil</u>   <u>a muitos candidatos</u>.
             adjetivo complemento nominal

Se vocês estudarem, estarão mais <u>perto **da** aprovação</u>.
                    advérbio compl. nominal

Abaixo está uma relação de nomes e suas regências que merecem atenção especial, já que o emprego deles é frequente em concursos:

SUBSTANTIVOS	ADJETIVOS	ADVÉRBIOS
acesso (a)	acessível (a)	analogamente (a)

200 LÍNGUA PORTUGUESA

SUBSTANTIVOS	ADJETIVOS	ADVÉRBIOS
admiração (a, de, por, para (com), perante)	acostumado (a, com)	contrariamente (a)
afeição (a, para (com), por)	agradável (a, para, de)	contraditoriamente (com)
alusão (a)	alheio (a)	diferentemente (de)
atenção (a, para)	ansioso (de, para, por)	favoravelmente (a)
atentado (a, contra)	atento (a, em)	obedientemente (a)
aversão (a, por, em)	ávido (de, por)	relativamente (a)
busca (por)	benéfico (a)	
capacidade (de, para, em)	capaz (de, para)	
controle (sobre)	carente (de)	
culto (a)	compatível (com, entre)	
desrespeito (a)	consciente (de)	
devoção (a, com, para com, por)	contemporâneo (a, de)	
dificuldade (com, de, em)	contíguo (a, com, entre)	
dúvida (acerca de, de, em, sobre)	contraditório (a, de, com, entre)	
formação (de, em)	contrário (a)	
habilidade (de, em, para)	convicto (de)	
influência (de, para)	cuidadoso (com)	
ímpeto (com)	desacostumado (a, com)	
invasão (de)	desatento (a)	
liberdade (a, para, de)	desfavorável (a)	
manutenção (de, em)	diferente (de, entre, por)	
medo (de)	essencial (a, para, em)	
necessidade (de)	estranho (a)	
obediência (a, de, para com)	fácil (a, para, em, de)	
ódio (a, contra)	favorável (a, para)	

Capítulo 4 – Sintaxe **201**

SUBSTANTIVOS	ADJETIVOS	ADVÉRBIOS
ojeriza (a, **contra**, **por**)	fiel (a)	
preferência (a, **por**)	grato (a)	
produto (**de**)	hábil (**em**, **para**)	
reação (a)	habituado (a, **com**)	
respeito (a, **com**, **de**, **para com**, **por**)	igual (a)	
simpatia (**por**)	imbuído (**de**, **em**)	
zelo (**por**)	impróprio (a, **de**, **para**)	
	inacessível (a)	
	indeciso (**em**)	
	insensível (a, **para**, **com**, **para com**)	
	junto (a, **de**)	
	leal (a)	
	maior (**de**)	
	natural (**de**)	
	necessário (a)	
	nocivo (a)	
	obediente (a)	
	odioso (a, **para**)	
	passível (**de**, a)	
	posterior (a)	
	preferível (a)	
	prejudicial (a)	
	prestes (a, **em**, **para**)	
	próprio (a, **de**)	
	próximo (a, **de**)	
	querido (**de**, **por**)	

202 LÍNGUA PORTUGUESA

SUBSTANTIVOS	ADJETIVOS	ADVÉRBIOS
	relacionado (a, com)	
	residente (em)	
	satisfeito (com, de, em, por)	
	semelhante (a, em)	
	sensível (a, para)	
	simpático (a)	
	útil (a, para)	
	versado (em)	

DICA DO APROVADO!

Quando, na oração adjetiva, o *substantivo*, *adjetivo* ou *advérbio* reger uma preposição, esta deverá ser empregada <u>antes</u> do pronome relativo.

Exemplo:
As condições básicas de saúde, <u>de</u> que a população se mostra <u>carente</u>, deveriam ser oferecidas pelo governo.

No exemplo acima, o adjetivo **carente** rege a preposição **de**.

REGÊNCIA VERBAL

É a relação que, em determinada significação, o verbo estabelece com seu complemento.

Exemplos:
Estamos **aspirando** o ar puro de Fernando de Noronha.
O verbo **aspirar**, na acepção de *sorver*, *respirar*, é transitivo direto.
Vocês estudam **aspirando** ao sucesso no concurso.

O verbo **aspirar**, significando *desejar*, *almejar*, *querer*, é transitivo indireto, regendo a preposição "a".

> **DICA DO APROVADO!**
>
> Quando, na oração adjetiva, o verbo reger uma preposição, esta deverá ser **anteposta** ao pronome relativo.
>
> **Exemplo:**
> As soluções, **às** quais todos **aspiram**, não serão obtidas apenas com medidas de coerção.

Pelo exposto acima, percebe-se que a regência de alguns verbos pode apresentar certa dificuldade. A seguir, serão apresentados os casos mais recorrentes em concursos.

PRINCIPAIS CASOS

- **Acarretar**
  - é transitivo direto.

Exemplo:
Estudar **acarretou** sua aprovação.

- **Agradar**
  - no sentido de **acariciar**, é transitivo direto.

Exemplo:
Meu pai **agradou** os cabelos de minha mãe.

  - na acepção de **satisfazer**, é transitivo indireto, regendo preposição "a".

Exemplo:
Este livro **agrada a** todos os estudantes.

- **Ajudar**
  - na acepção de **atender, assistir,** pode ser transitivo direto ou transitivo indireto, regendo, neste último caso, preposição "a".

204 LÍNGUA PORTUGUESA

Exemplos:
O enfermeiro sempre **ajuda** os doentes.
O enfermeiro sempre **ajuda** aos doentes.

- **Aludir e anuir**
  - sempre serão verbos transitivos indiretos, regendo preposição "a".

Exemplos:
O candidato **aludiu** ao tempo de prova.
O fiscal de sala não **anuiu** ao meu pedido.

- **Assistir**
  - na acepção de **ver**, **presenciar**, é transitivo indireto, regendo preposição "a".

Exemplo:
Mil pessoas **assistiram** ao jogo de futebol.

  - no sentido de **dar assistência**, **ajudar**, **atender**, pode ser transitivo direto ou transitivo indireto.

Exemplos:
O médico **assiste** os pacientes.
O médico **assiste** aos pacientes.

  - significando **caber**, **competir**, é transitivo indireto, regendo preposição "A".

Exemplo:
O direito não **assiste** a você.

  - no sentido de **morar**, é intransitivo, regendo um adjunto adverbial de lugar iniciado pela preposição "**em**".

Exemplo:
Eu **assisto em** Jacarepaguá.

Capítulo 4 – Sintaxe **205**

- **Atender**
  - na acepção de **deferir**, é transitivo direto.

Exemplo:
O juiz **atenderá** sua solicitação.

  - no sentido de **dar atenção**, pode ser transitivo direto ou transitivo indireto.

Exemplos:
O porteiro **atendeu** o visitante.
O porteiro **atendeu** ao visitante.

- **Chamar**
  - no sentido de **convocar, solicitar a presença**, é transitivo direto.

Exemplo:
Chamei o fiscal de prova.

  - significando **invocar, clamar**, é transitivo indireto, regendo preposição "**por**".

Exemplo:
Chamei por Deus.

  - na acepção de **qualificar, nomear, apelidar**, pode ser transitivo direto ou transitivo indireto. Nessa significação, terá um predicativo do objeto, que poderá ou não ser introduzido pela preposição **de**.

Exemplos:
Chamei o aluno (de) patriota. (**correto**)
Chamei-o (de) patriota. (**correto**)
Chamei ao aluno (de) patriota. (**correto**)
Chamei-lhe (de) patriota. (**correto**)

206 LÍNGUA PORTUGUESA

- **Custar**
  - no sentido de **ser difícil, ser penoso**, é transitivo indireto, regendo preposição "a".

Exemplos:
Custei a entender este assunto. (**errado**)
Custou-me entender este assunto. (**correto**)
O menino **custa** a acordar cedo. (**errado**)
Custa-lhe acordar cedo. (**correto**)

OBSERVAÇÃO!

O verbo **custar** deverá ser empregado na terceira pessoa do singular, seguindo-lhe uma forma verbal infinitiva.

  - no sentido de **acarretar**, é transitivo direto e indireto.

Exemplo:
A imprudência **custou**-lhe lágrimas amargas.

  - na acepção de **estabelecer preço, ter valor**, é intransitivo.

Exemplo:
Este rádio **custou** vinte reais.

- **Esquecer**
  - é transitivo direto.

Exemplo:
Esqueci o celular.

- **Esquecer-se (verbo com pronome oblíquo)**
  - é transitivo indireto, regendo preposição "de".

Exemplo:
Esqueci-me do celular.

Capítulo 4 – Sintaxe **207**

- **Gostar**
  - no sentido de **experimentar**, é transitivo direto.

Exemplo:
Gostaremos o bolo de aniversário.

  - no sentido de **ser afetuoso, adorar**, é transitivo indireto, regendo preposição "**de**".

Exemplo:
Os alunos **gostam do** professor.

- **Implicar**
  - no sentido de **acarretar, resultar**, é transitivo direto.

Exemplo:
A corrupção do servidor **implica** penalidades.

  - no sentido de **perturbar, ter implicância**, é transitivo indireto, regendo preposição "**com**".

Exemplo:
A torcida do Vasco **implicou com** a do Flamengo.

- **Lembrar**
  - é transitivo direto.

Exemplo:
Lembrei as minhas obrigações.

- **Lembrar-se (verbo com pronome oblíquo)**
  - é transitivo indireto, regendo preposição "**de**".

Exemplo:
Lembrei-me das minhas obrigações.

208 LÍNGUA PORTUGUESA

- **Namorar**
  - é transitivo direto.

Exemplo:
João **namora com** Manuela. (**errado**)
João **namora** Manuela. (**correto**)

- **Obedecer e desobedecer**
  - são transitivos indiretos, regendo preposição "**a**".

Exemplos:
Desobedeci ao sinal de trânsito.
Obedeci às recomendações do guarda.

- **Pagar e perdoar**
  - quando se referirem à **coisa**, serão transitivos diretos.

Exemplos:
Perdoei o erro.
Paguei o débito.

  - quando se referirem à **pessoa** (física ou jurídica), serão transitivos indiretos, regendo preposição "**a**".

Exemplos:
Perdoei ao aluno.
Paguei ao banco.

DICA DO APROVADO!

Os verbos **pagar e perdoar** podem assumir transitividade direta e indireta, sendo o complemento direto em relação à **coisa** e o indireto em relação à **pessoa**.

Exemplos: Perdoei o erro ao aluno.
Paguei o débito ao banco.

Capítulo 4 – Sintaxe **209**

- **Preferir**
  - é transitivo direto e indireto, regendo preposição 'a".

Exemplos:
Prefiro livros a revistas.

DICA DO APROVADO!

O significado de **preferir** <u>não</u> admite gradações da espécie **mais...que, menos... que, tanto...quanto**, nem (**do**) **que**.

Exemplos:
Prefiro leite **do que** vinho. (**errado**)
Prefiro **mais** leite **do que** vinho. (**errado**)
Prefiro leite a vinho. (**correto**)
Prefiro o leite ao vinho. (**correto**)
Prefiro uva a laranja. (**correto**)
Prefiro a uva à laranja. (**correto**)

- **Presidir**
  - no sentido de **administrar**, é transitivo direto.

Exemplo:
Dilma **preside** a República Federativa do Brasil.

  - no sentido de **organizar**, **coordenar**, pode ser transitivo direto ou transitivo indireto, regendo, nesse último caso, preposição "a".

Exemplo:
O relator **presidiu** a cerimônia de abertura.
O relator **presidiu** à cerimônia de abertura.

- **Proceder**
  - no sentido de **dar início**, **realizar**, é transitivo indireto, regendo preposição "A".

Exemplos:
O chefe **procedeu** à reunião.
Ele **procedeu ao** relatório.

- no sentido de **originar-se, provir,** é intransitivo, regendo adjunto adverbial iniciado pela preposição "**de**".

Exemplo:
O navio procedia **de** Portugal.

- no sentido de **agir, comportar-se,** é intransitivo.

Exemplo:
Manuel não **procedeu** como deveria.

- significando **ter fundamento, justificar-se,** é intransitivo.

Exemplos:
Tal atitude não **procede** neste recinto.
Isso não **procede**.

- **Querer**
  - no sentido de **desejar,** é transitivo direto.

Exemplo:
O rapaz queria a moça.

- no sentido de **estimar, gostar, prezar,** é transitivo indireto, regendo preposição "**a**".

Exemplos:
Quero muito a meu irmão.
A mãe quer muito ao filho.

Capítulo 4 – Sintaxe **211**

- Referir-se (verbo com pronome oblíquo)
  - é sempre transitivo indireto.

Exemplo:
Referi-me à mulher de vermelho.

- Responder
  - com relação à coisa respondida, é transitivo direto.

Exemplo:
Os alunos **responderam** que estavam bem preparados.

  - com relação à pessoa ou coisa a que se responde, é transitivo indireto, regendo preposição "**a**".

Exemplo:
Ele **respondeu às** perguntas da prova.

  - no sentido de **ser responsável**, é transitivo indireto, regendo preposição "**por**".

Exemplo:
Ele **responde por** aquele setor.

DICA DO APROVADO!

O verbo **responder**, na acepção de **responder algo a alguém**, assume transitividade direta e indireta, sendo o complemento direto em relação à **coisa** e o indireto em relação à **pessoa**.

Exemplo:
Respondi o telegrama ao amigo.

- Resultar
  - é transitivo indireto, regendo preposição "**em**".

212 LÍNGUA PORTUGUESA

> **Exemplo:**
> Estudar **resultou n**a sua aprovação.

- **Simpatizar**
  - é transitivo indireto, regendo preposição "**com**".

> **Exemplo:**
> Meu amigo **simpatizou-se com** você. (**errado**)
> Meu amigo **simpatizou com** você. (**correto**)

OBSERVAÇÃO!

O verbo **antipatizar** também é **transitivo indireto**, regendo preposição "**com**". Além disso, considera-se erro construí-lo na forma pronominal (**antipatizar-se**).

> **Exemplo:**
> Meu amigo **antipatizou-se com** você. (**errado**)
> Meu amigo **antipatizou com** você. (**correto**)

- **Usufruir**
  - é transitivo direto.

> **Exemplo:**
> **Usufruiremos** os benefícios da aprovação.

- **Visar**
  - no sentido de **mirar**, é transitivo direto.

> **Exemplo:**
> O caçador **visou** a onça.

  - na acepção de **rubricar, pôr o visto**, é transitivo direto.

> **Exemplo:**
> O cliente **visou** a nota promissória.

Capítulo 4 – Sintaxe **213**

– significando **almejar, ter como objetivo**, é transitivo indireto, regendo preposição "a".

Exemplo:
Visamos **ao** bom ensino da linguagem.

CONSIDERAÇÕES FINAIS

1ª) Os verbos **advertir, avisar, certificar, cientificar, informar, impedir, notificar, participar, prevenir** e **proibir** são transitivos diretos e indiretos, podendo reger, no seu complemento indireto, a preposição "a" ou "de".

Exemplos:
Avisei **os resultados** aos alunos.
Avisei os alunos **dos resultados**.

Informei **o fato** aos alunos.
Informei os alunos **do fato**.

OBSERVAÇÃO

Não poderá haver dois objetos indiretos.

Exemplos: Avisei aos alunos dos resultados. (**errado**)
Informei do fato aos alunos. (**errado**)

2ª) Verbos estáticos (**morar, residir, situar-se**) regem preposição "em".

Exemplos:
Vocês **moram** no Rio de Janeiro.
A editora Edipro **situa-se em** Bauru.
Ela **reside** na rua Morumbi.

3ª) Verbos dinâmicos (**ir** e **chegar**) regem preposição "a".

> **Exemplos:**
> Vou na praia. (**errado**) / Vou à praia. (**correto**)
> Cheguei no Brasil. (**errado**) / Cheguei ao Brasil. (**correto**)

4ª) Os verbos **acatar, almejar, amar, assessorar, convidar, cumprimentar, estimar, felicitar, usufruir, pisar, prezar** e **respeitar** são transitivos diretos.

> **Exemplos:**
> O funcionário acatou as ordens do chefe.
> Cumprimentei meus amigos.

5ª) Um complemento ou adjunto preposicionado **não** pode referir-se a verbos de **regências diferentes**.

> **Exemplos:**
> **Li** e **gostei do** livro. (**errado**)
> **Li** o livro e **gostei dele**. (**correto**)
> **Sentei** e **caí da** cadeira. (**errado**)
> **Sentei na** cadeira e **dela caí**. (**correto**)

CRASE

Conceito: fusão de duas vogais iguais. Graficamente, o fenômeno da crase é marcado pelo emprego do acento grave, ou seja, crase **não** é acento, e sim um **fenômeno linguístico**.

Em língua portuguesa, o acento grave registra:

A FUSÃO DE ...		EXEMPLOS
PREPOSIÇÃO "A" + ARTIGO DEFINIDO "A(S)"	à às	O aluno estava atento à aula de português. Obedeço às leis de trânsito.
PREPOSIÇÃO "A" + PRON. DEMONSTRATIVO "AQUELE (e flexões)"	àquele àquela àquilo	Refiro-me àquele aluno. Refiro-me àquela aluna. Refiro-me àquilo.

A FUSÃO DE ...		EXEMPLOS
PREPOSIÇÃO "A" + PRON. DEMONSTRATIVO "A(S)" (antes de *que* e *de*, equivale a "aquela(s)")	à às	A caneta que comprei é igual à que você tem. Aludi à mulher de vestido azul e à de vestido preto.
PREPOSIÇÃO "A" + PRONOME RELATIVO "A(S) QUAL(IS)"	à qual às quais	A aula à qual o aluno estava atento é de português. As leis às quais obedeço são necessárias.

REGRAS BÁSICAS

Método prático: Para ter certeza de que haverá o fenômeno da crase, recomenda-se, em regra, adotar os seguintes passos:

1º) Verificar se o verbo ou nome (termos regentes) exigem a preposição "a";

2º) Verificar se o termo regido admite o artigo definido "a(s)". Para tanto, recomenda-se construir uma frase em que o termo regido desempenhe a função de sujeito;

3º) Com a construção da frase, verificar a possibilidade de antepor o artigo ao termo regido. Havendo o encontro da preposição "a" com o artigo definido "a(s)", ocorrerá a crase.

PREPOSIÇÃO "A" + ARTIGO DEFINIDO "A(S)"

Exemplos:

(1) O aluno estava **atento __ aula de português**.

No exemplo acima, o primeiro passo será verificar se o adjetivo (termo regente) rege preposição "a". Consultando as lições de regência nominal, verifica-se esse adjetivo "atento" rege preposição "a" (Atento a alguma coisa).

O passo seguinte será verificar se a expressão "aula de português" (termo regido) admite artigo definido "a(s)". Para isso, cria-se uma frase em que "aula de português" desempenhe a função de sujeito. Por exemplo:

216 LÍNGUA PORTUGUESA

A aula de português é divertida. (a expressão "aula de português" aceita o artigo definido "a")

Logo, haverá a fusão da preposição "a" com o artigo definido "a", ficando a lacuna do exemplo preenchida da seguinte forma:

O aluno estava atento a (**prep.**) + a (**artigo**) aula de português.
O aluno estava atento à aula de português. (1)

(2) **Obedeço __ leis** de trânsito.

No exemplo acima, o primeiro passo será verificar se o verbo (termo regente) rege preposição "a". Consultando as lições de regência verbal, verifica-se que o verbo "obedecer" rege preposição "a" (Obedeço a alguma coisa ou a alguém).

O passo seguinte será verificar se a palavra "leis" (termo regido) admite artigo definido "a(s)". Para isso, cria-se uma frase em que "leis" desempenhe a função de sujeito. Por exemplo:

As leis são úteis. (a palavra "leis" aceita o artigo definido "as")

Logo, haverá a fusão da preposição "a" com o artigo definido "as", ficando a lacuna do exemplo acima preenchida da seguinte forma:

Obedeço a (**prep.**) + as (**artigo**) leis de trânsito.
Obedeço às leis de trânsito. (2)

PREPOSIÇÃO A + PRON. DEMONSTRATIVO AQUELE (E FLEXÕES)

Na posição de termo regido, pode também existir o pronome demonstrativo **aquele (e flexões)**.

Exemplo:

(1)**Refiro-me __quele** aluno.

No exemplo acima, a forma verbal (termo regente) é **referir-se**. Aplicando o método prático, verifica-se que:

Capítulo 4 – Sintaxe **217**

a) O verbo "referir-se" rege a preposição "a" (Refiro-me **a** alguém ou **a** alguma coisa);

b) O termo regido é o pronome demonstrativo **aquele**. Neste caso, constatada a presença da preposição, haverá a fusão da **vogal inicial "a"**, da forma pronominal "aquele", com a preposição "a", exigida pelo verbo "referir-se". Então, a lacuna do exemplo acima deve ser preenchida da seguinte forma:

Refiro-me **a** (prep.) + aquele aluno.
Refiro-me àquele aluno. (1)

O mesmo se dá com os exemplos "Refiro-me àquela aluna." e "Refiro-me àquilo.".

PREPOSIÇÃO A + PRON. DEMONSTRATIVO A(S)
(antes de que e de, equivale a "aquela(s)")

Na posição de termo regido, pode também existir o pronome demonstrativo "a", seguido de "**que**" ou "**de**".

Exemplos:

(1) A caneta que comprei é igual __ que você tem.

No exemplo acima, o nome (termo regente) é **igual**. Aplicando o método prático, verifica-se que:

a) O adjetivo "igual" rege a preposição "a" (Igual **a** alguma coisa ou **a** alguém);

b) O termo regido é o pronome demonstrativo "a", seguido do pronome relativo "**que**". Quando houver essa combinação, o "**a**" será equivalente ao pronome "**aquela**". Então, nesse caso, haverá a fusão da forma pronominal "a" (equivalente ao pronome **aquela**) com a preposição "a", exigida pelo adjetivo "igual". Logo:

A caneta que comprei é igual **a** (**prep.**) + **a** (=aquela) que você tem.
A caneta que comprei é igual **à** que você tem. (1)

218   LÍNGUA PORTUGUESA

(2)Aludi __ mulher de vestido azul e __ **de** vestido preto.

No exemplo acima, o verbo (termo regente) é **aludir**. Aplicando o método prático para a primeira lacuna, verifica-se que:

a) O verbo "aludir" rege a preposição "a" (Aludi **a** alguma coisa ou a alguém);

b) A palavra "mulher" (termo regido) admite artigo definido "a". Para essa constatação, criou-se uma frase em que "mulher" desempenhe a função de sujeito. Por exemplo:

A mulher é bonita.
(a palavra "mulher" aceita o artigo definido "a")

Logo, haverá a fusão da preposição "a" com o artigo definido "a", ficando a lacuna do exemplo preenchida da seguinte forma:

Aludi a (**prep.**) + a (**artigo**) mulher de vestido azul (...)
Aludi à mulher de vestido azul (...)

Aplicando o método prático para a segunda lacuna, verifica-se que:

a) O verbo "aludir" rege a preposição "a" (Aludi **a** alguma coisa ou a alguém);

b) O termo regido é o pronome demonstrativo "a", seguido do pronome relativo "**de**". Quando houver essa combinação, o "a" será equivalente ao pronome "aquela". Então, nesse caso, haverá a fusão da forma pronominal "a" (equivalente ao pronome **aquela**) com a preposição "a", exigida pelo verbo "aludir". Logo:

Aludi à mulher de vestido azul e **a** (**prep.**) + a (**pron. demonstrativo**) de vestido preto.

Aludi à mulher de vestido azul e à de vestido preto. (2)

PREPOSIÇÃO A + PRONOME RELATIVO A(S) QUAL(IS)

Na posição de termo regido, pode também existir o pronome relativo "a(s) **qual(is)**".

Exemplos:

Capítulo 4 – Sintaxe **219**

(1)A aula _ qual o aluno estava atento é de português.

Aqui, é preciso ter mais atenção, pois há uma **oração adjetiva**. Com o pronome relativo **a(s) qual(is)**, a crase ocorrerá somente se o **termo posterior** a ele reger a preposição "a" e o **termo anterior** admitir o emprego do artigo definido "a(s)". Aplicando o método prático, verifica-se que:

a) O adjetivo "atento" (termo regente) rege a preposição "a" (Atento a alguma coisa). Nesse caso, a preposição "a" antecederá o pronome relativo "**qual**";

b) O termo regido é o pronome relativo "qual", que, no exemplo em questão, substitui a palavra "aula". Para essa constatação, cria-se uma frase em que esse vocábulo (aula) desempenhe a função de sujeito. Por exemplo:

A aula começou. (a palavra "aula" aceita o artigo definido "a")

Logo, haverá a fusão da preposição "a" com o artigo definido "a" que compõe o pronome relativo, ficando a lacuna do exemplo preenchida da seguinte forma:

A aula **a (prep.) + a (artigo)** qual o aluno estava atento é de português.
A aula à qual o aluno estava atento é de português. (1)

(2) As leis __ quais obedeço são necessárias.

Novamente, há um caso de **oração adjetiva**. Com o pronome relativo **a(s) qual(is)**, a crase ocorrerá somente se o **termo posterior** a ele reger a preposição "a" e o **termo anterior** admitir o emprego do artigo definido "a(s)". Aplicando o método prático, verifica-se que:

a) O verbo "obedecer" (termo regente) rege a preposição "a" (Obedeço a alguma coisa ou a alguém). Nesse caso, a preposição "**a**" antecederá o pronome relativo "**quais**";

b) O termo regido é o pronome relativo "quais", que, no exemplo em questão, substitui a palavra "leis". Para essa constatação, cria-se uma frase em que esse vocábulo (leis) desempenhe a função de sujeito. Por exemplo:

As leis são necessárias.
(a palavra "leis" aceita o artigo definido "as")

220 LÍNGUA PORTUGUESA

Logo, haverá a fusão da preposição "a" com o artigo definido "as" que compõe o pronome relativo, ficando a lacuna do exemplo preenchida da seguinte forma:

As leis a (prep.) + as (artigo) quais obedeço são necessárias.
As leis às quais obedeço são necessárias. (2)

CASOS PROIBIDOS

De posse dessas informações, é possível chegar à conclusão de que <u>não</u> haverá o fenômeno da crase:

– antes de **palavras masculinas**.

Exemplos:
A punição fica a **critério** do chefe.
A gripe vem a **cavalo** e volta a **pé**.

OBSERVAÇÃO

Se a expressão <u>à moda de</u> estiver subentendida, empregar-se-á o acento grave indicativo de crase.

Exemplos:
Ele escrevia à Machado de Assis. (= Ele escrevia <u>à moda de</u> Machado de Assis.)
Comprarei um chapéu à <u>Napoleão</u>. (= Comprarei um chapéu <u>à moda de</u> Napoleão.)
Fez um gol à Pelé. (= Fez um gol <u>à moda de</u> Pelé.)

– antes de **pronomes pessoais**.

Exemplos:
Contaram tudo a **ela**.
Pedro entregou o chapéu a **nós**.

– antes dos **pronomes demonstrativos** "este" (e flexões), "esse" (e flexões), "isto", "isso".

Exemplos:
Não dou importância a **essa** confusão.
Ninguém deu resposta satisfatória a **esta** questão.

Capítulo 4 – Sintaxe **221**

– antes de **pronomes indefinidos**.

Exemplos:
Atendemos a **qualquer** hora do dia.
O professor deu atenção a **todos**.
A anulação do concurso não agradou a **nenhum** candidato.

– antes de **pronomes de tratamento**.

Exemplos:
Respondemos a **Vossa Senhoria** em maio último.
Sugerimos a **Vossa Excelência** que o processo seja arquivado.

OBSERVAÇÃO

Os pronomes de tratamento **dama, dona, madame, senhora** e **senhorita** aceitam o artigo definido feminino. Por essa razão, deve-se empregar o acento grave se a regência exigir a preposição "**a**".

Exemplos:
Diga à **senhora** diretora que está tudo pronto para a reunião.
Quando eu falei, não me referi à **senhorita**.
Referi-me à **madame**.

– antes de **verbos**.

Exemplos:
Estou disposto a **colaborar** com a turma.
A **partir** de hoje, não erro mais questão assim.

– **quando o "a" estiver no singular (preposição rígida) e a palavra seguinte, no plural.** Nesse caso, o "a" será apenas preposição (classe invariável).

Exemplos:
Prendeu-se a **questões** de pouca importância.
Não vai a **festas** em sua homenagem.

– antes dos pronomes relativos **quem** e **cujo**.

222 LÍNGUA PORTUGUESA

Exemplos:
Encontrei-me com a funcionária **a quem** me apresentaste ontem.
A pessoa a **cuja** filha me refiro estuda neste colégio.

– antes de **artigos indefinidos**.

Exemplos:
O rapaz dirigiu-se a **um** canto da sala.
Estou falando a **uma** plateia seleta.
Dirija-se, de preferência, a **uma** pessoa especializada.
A cidade ficava a **uma** distância de 20 quilômetros.

CASOS ESPECIAIS

– Não haverá crase antes das palavras **casa, terra** e **distância**, quando estas **não** estiverem determinadas.

Exemplos:
Chegou a <u>casa</u> e logo se atirou na cama.
Os marinheiros voltaram a <u>terra</u>.
O espião observava os inimigos a <u>distância</u>.

OBSERVAÇÃO

Se as palavras **casa, terra** e **distância** estiverem <u>determinadas</u>, o emprego do acento indicativo de crase será obrigatório.

Exemplos:
Sofia dirigiu-se à <u>casa de Pedro</u>.

Voltou à <u>terra de seus sonhos</u>.
Vê-se um barco à <u>distância de oitocentos metros</u>.

– Não haverá crase entre **palavras repetidas**.

Exemplos:
Ficamos **frente** a **frente**.
Ficou **cara** a **cara** com o bandido.
Li seu relatório **página** a **página**.

ACENTO GRAVE ANTES DE PRONOMES POSSESSIVOS

O emprego do artigo definido antes dos **pronomes adjetivos possessivos femininos** é facultativo. Desta forma, poderá haver duas situações:

1ª) caso se empregue o pronome adjetivo possessivo com artigo, desde que o termo regente exija a preposição "a", haverá crase;

2ª) caso se empregue o pronome adjetivo possessivo sem artigo, ainda que o termo regente exija a preposição "a", não se utilizará o acento grave, pois haverá somente a preposição "a".

Veja os casos a seguir:

– **Pronome possessivo no singular: crase facultativa.**

Exemplos:
O cônsul enviou várias cartas a(à) **sua** filha.
Não deram atenção a(à) **nossa** queixa.

OBSERVAÇÃO

Antes de **pronomes substantivos possessivos femininos**, o emprego do acento grave será **obrigatório**.

Exemplo:
Não deram atenção a(à) **minha** queixa, nem à sua.

– **Pronome possessivo no plural: crase obrigatória se, além da preposição "a", aparecer o artigo "as".**

Exemplos:
O cônsul enviou várias cartas às **suas** filhas.
Não deram atenção às **nossas** queixas.

OBSERVAÇÃO

Se aparecer <u>apenas</u> a preposição "a", <u>não</u> ocorrerá a crase.

Exemplos:
O cônsul enviou várias cartas **a** suas filhas. ("a" = preposição rígida)
Não deram atenção **a** nossas queixas. ("a" = preposição rígida)

ACENTO GRAVE EM NOMES PRÓPRIOS FEMININOS

Diante de nomes próprios femininos, o emprego do acento grave será, em regra, **facultativo**.

Exemplos:
Diga a(à) **Joana** que a estamos esperando.
Dei um ramalhete de rosas a(à) **Samara**.

OBSERVAÇÃO

1ª) Diante de nomes próprios femininos, o emprego do acento grave indicativo de crase denota **afetividade**.

Exemplos:
Refiro-me à Samara. (**afetividade**)
Refiro-me a Joana. (**não afetividade**)

2ª) Se o nome feminino designar personagem histórica ou entidade religiosa, o emprego do acento grave será proibido.

Exemplo:
Na aula de história, aludi a **Joana d'Arc**.
Pediu um milagre a **Nossa Senhora**.

ACENTO GRAVE EM NOMES DE LUGAR FEMININOS

Para verificar se haverá ou não crase em nomes de lugar femininos, recomenda-se utilizar os versos a seguir:

"Quem vai A e volta DA, crase há.
Quem vai A e volta DE, crase para quê?"

Exemplos:

- **COM CRASE**

  Pretendo ir à Europa. (= Pretendo voltar **da** Europa.)
  Fui à Guanabara. (= Voltei **da** Guanabara.)

  Nos exemplos acima, verifica-se que, ao empregar o verbo "voltar", antônimo do verbo "ir", o topônimo (nome de lugar) femi-

Capítulo 4 – Sintaxe **225**

nino admite o artigo definido "a". Logo, utiliza-se o acento grave indicativo de crase.

- SEM CRASE

Iremos a Belém. (= Voltaremos **de** Belém.)
Pretendo ir a Curitiba. (= Pretendo voltar **de** Curitiba.)

Nos exemplos acima, verifica-se que, ao empregar o verbo "voltar", antônimo do verbo "ir", o topônimo (nome de lugar) feminino **não** admite o artigo definido "a". Logo, não haverá crase.

OBSERVAÇÃO

Se, entretanto, os topônimos estiverem <u>determinados</u>, ocorrerá a crase.

Exemplos:
Irei à **encantadora Belém**.
(= Voltarei da <u>encantadora Belém</u>.)

Gostaria de ir à **Curitiba dos pinheirais**.
(= Gostaria de voltar da <u>Curitiba dos pinheirais</u>.)

Nos exemplos acima, verifica-se que, ao empregar o verbo "voltar", antônimo do verbo "ir", o topônimo, quando <u>determinado</u>, admite o artigo feminino "a". Logo, haverá crase.

ACENTO GRAVE EM LOCUÇÕES

Emprega-se o acento grave em:

- locuções adverbiais femininas. As principais são à toa, à beça, à direita, à esquerda, à força, à solta, à vista, à vontade, às claras, às vezes, às escondidas, às moscas.

Exemplos:
Às vezes perco a paciência.
De posse da ordem judicial, o guarda entrou à força.

226 LÍNGUA PORTUGUESA

DICA DO APROVADO!

Não se emprega o acento grave em locuções adverbiais de instrumento.

Exemplos:
O açougueiro feriu-se **a faca**.
O candidato fez a prova **a caneta**.

– locuções prepositivas. As principais são **às custas de**, **à procura de**, **à espera de**, **devido a**, **à base de**, **à beira de**, **à mercê de**, **às expensas de**, **até a**.

Exemplos:
Vamos **à procura de** informações mais seguras.
Isso aconteceu **devido** à negligência do juiz.

OBSERVAÇÃO

Na locução prepositiva **até a**, o emprego da preposição "a" é facultativo. Por essa razão, o emprego do acento grave também será facultativo.

Exemplo:
Corri **até a(à)** praia de Botafogo.

– locuções conjuntivas. São elas: **à medida que**, **à proporção que**.

Exemplos:
À medida que o tempo passa, fico mais ansioso.
À proporção que você progredir no serviço, aumentarei seu salário.

– locuções que indicam hora.

Exemplos:
Saí de casa **às quatro horas** da tarde.

Capítulo 4 – Sintaxe **227**

DICA DO APROVADO!

É importante observar o **paralelismo sintático** nas construções que designam limite de tempo:

- se o limite mínimo de tempo não apresentar artigo, o limite máximo também não o apresentará. Nesse caso, <u>não</u> se emprega o acento grave.

Exemplo:

Esta prova vai de 9h a 14h.

Antes do termo "**9h**" há somente a preposição "**de**". Sendo assim, antes de "**14h**" há somente a preposição "**a**". Neste período, a intenção é informar que o tempo mínimo da prova é de nove horas e o máximo, de quatorze.

- se o limite mínimo de tempo apresentar artigo, o limite máximo igualmente o fará. Nesse caso, emprega-se o acento grave indicativo de crase.

Exemplo:

Esta prova vai das 9h às 14h.

Antes do termo "**9h**" há preposição "**de**" acrescida do artigo definido "**as**". Sendo assim, antes de "**14h**" há também a preposição "**a**" acrescida do artigo definido "**as**". Neste período, a significação indica que a realização da prova tem início às nove horas e encerramento, impreterivelmente, às quatorze.

capítulo . 5

Pontuação

EMPREGO DA VÍRGULA

Antes de estudar os casos em que se emprega a vírgula, é conveniente tecer comentários sobre os pré-requisitos básicos referentes ao seu emprego.

1) **Ordem direta**

Diz-se que uma oração está na **ordem direta** quando seus termos se apresentam na seguinte progressão:

SUJEITO + VERBO + COMPLEMENTO + ADJUNTO

Exemplos:

O presidente iniciará a cerimônia às dez horas.
 sujeito   verbo   O.D.   adj. adverbial

O rapaz deu flores à namorada ontem.
sujeito verbo O.D.   O.I   adj.adv.

OBSERVAÇÃO!

Não se deve separar por vírgula o sujeito de seu predicado e os verbos de seus complementos.

Exemplos:
Fabiano, comprou um carro na concessionária. (**errado**)
Fabiano comprou, um carro na concessionária. (**errado**)
Fabiano comprou um carro na concessionária. (**correto**)

230 LÍNGUA PORTUGUESA

2) Ordem inversa

A ordem direta, descrita acima, pode ser rompida por inversões ou intercalações, constituindo o que se convencionou chamar de ordem inversa.

> **Exemplos:**
>
> Às dez horas, o presidente iniciará a cerimônia.
> adj.adverbial   sujeito   verbo   O.D.
>
> O rapaz deu, ontem, flores à namorada.
> sujeito   verbo   adj.adv   O.D.   O.I.

Observa-se, no primeiro exemplo acima, que o adjunto adverbial "às dez horas" está deslocado em relação à sua posição tradicional. Houve, portanto, uma inversão da ordem direta da frase. Por essa razão, justifica-se o emprego da vírgula.

Já no segundo exemplo, o adjunto adverbial "ontem" também encontra-se deslocado, estando intercalado entre o sujeito e o verbo da oração. Como não se deve separar o sujeito de seu verbo, utilizaram-se as vírgulas para assinalar essa intercalação.

- **A vírgula no interior das orações**

  No interior das orações, emprega-se a vírgula para:

  a) separar **apostos, vocativos** e **nomes de lugar.**

> **Exemplos:**
> O leão, **o rei da selva,** é um animal carnívoro.
> Preste atenção, **caro aluno!**
> **Caro aluno,** preste atenção!

  b) separar **nomes de lugar nas datas.**

> **Exemplo:**
> Brasília, 13 de julho de 2011.

  c) separar **núcleos de uma mesma função sintática** ou **componentes de uma enumeração.**

Capítulo 5 – Pontuação **231**

Exemplos:
Eu, **você** e **ele** seremos aprovados.
Ele comprou **couve, alface, coentro** e **agrião**.

d) indicar **elipse** de um termo.

Exemplos:
Ele canta a vida; e você, a morte.
(a vírgula omitiu o verbo "cantar")

Bebida mata; velocidade, também.
(a vírgula omitiu o verbo "matar")

e) separar **termo pleonástico (repetido)**.

Exemplos:
Aos jovens, devo-lhes dizer a verdade.
O jornal, já o comprei.

f) separar **termos de ordem inversa** ou **adjuntos adverbiais deslocados**.

Exemplos:
Ele, **diariamente**, resolvia questões.
Afirmam que o clima, **na Europa**, é frio.

g) separar **expressões explicativas (qual seja, a saber, por exemplo, aliás, isto é, ou melhor, ou seja)**.

Exemplos:
Este livro é muito bom, **isto é**, esclarecedor.
Fiz os exercícios, **ou melhor**, as questões.

h) separar **conjunções coordenativas adversativas (porém, contudo, entretanto, todavia)** ou **conclusivas (pois, portanto, logo) deslocadas**.

Exemplos:
Não consegui, **entretanto**, engordar.
Estudaram muito, **portanto**, foram aprovados.

OBSERVAÇÃO!

A vírgula será facultativa quando a conjunção adversativa ou conclusiva iniciar o período.

Exemplos:
Entretanto(,) não consegui engordar.
Portanto(,) foram aprovados.

- **A vírgula entre as orações**
  Entre as orações, emprega-se a vírgula para:

  a) separar **orações coordenadas assindéticas**.

Exemplos:
Ele **comeu, bebeu, conversou** e saiu.

---

  b) separar **orações coordenadas sindéticas**.

Exemplos:
Há aqueles que se esforçam muito, **porém** raramente são reconhecidos.
Estudamos bastante, **logo** seremos aprovados.

OBSERVAÇÃO!

As orações coordenadas sindéticas introduzidas pela conjunção "_e_" podem vir separadas de suas respectivas orações principais por vírgula. Isso ocorre em três casos, quais sejam:

- Quando as orações tiverem sujeitos distintos:
  Exemplos:
  Elas estarão de folga, e eu tomarei conta da casa.
  "O pirralho não se mexeu, e Fabiano desejou matá-lo."
  (_Graciliano Ramos_)

Nos exemplos acima, a vírgula é facultativa.

Capítulo 5 – Pontuação **233**

OBSERVAÇÃO!

Nota: Não haveria vírgula se o sujeito de ambas as orações fosse o mesmo.

Exemplo:
Elas estarão de folga e tomarão conta da casa.

- Quando a conjunção "e" aparecer repetida por várias vezes, constituindo o que, em figura de linguagem, chama-se de polissíndeto.

Exemplos:
Trejeita, e canta, e ri nervosamente.
- Quando a conjunção "e" possuir matiz semântico de adversidade.

Exemplo:
Leu o livro, e não entendeu nada.

c) separar **orações subordinadas antepostas às orações principais.**

Exemplo:
Se estudar, passarei no concurso.
Embora tivesse estudado, não passou no concurso.

OBSERVAÇÃO!

Quando a oração subordinada vier após a oração principal, a vírgula será facultativa.

Exemplo:
Passarei no concurso se estudar.
Não passou no concurso embora tivesse estudado.

d) separar **orações reduzidas de infinitivo, de gerúndio** e de **particípio** ou **orações adverbiais que iniciam o período.**

Exemplos:
Ao entrar o fiscal de sala, os candidatos se calaram.
Estudando assim, será aprovado.
Terminado o concurso, houve a aprovação.

e) separar **orações intercaladas.**

Exemplos:

O professor, **disse o estagiário**, já distribuiu as notas dos alunos.
E o candidato, **perguntou o professor**, foi aprovado ou não?

f) separar **orações adjetivas explicativas**.

Exemplos:

As frutas, **que estavam maduras**, caíram no chão.
O soldado, **que era arguto**, entendeu as ordens.

OBSERVAÇÃO!

As orações adjetivas explicativas também podem aparecer isoladas por travessões ou parênteses.

Exemplos:

As frutas – que estavam maduras – caíram no chão.
O soldado (que era arguto) entendeu as ordens.

EMPREGO DO PONTO

Emprega-se o ponto:

a) para **indicar o fim de um período**.

Exemplo:

Estudamos juntos ontem à tarde.

b) nas **abreviaturas**.

Exemplos:

Sr., pág., V. Exa..

EMPREGO DO PONTO DE INTERROGAÇÃO

Emprega-se o ponto de interrogação para:

Capítulo 5 – Pontuação **235**

a) marcar as **interrogações diretas.**

Exemplo:
Quem fez os gols do Vasco?

EMPREGO DO PONTO DE EXCLAMAÇÃO

Emprega-se o ponto de exclamação para:

a) marcar **frases exclamativas, indicando surpresa, alegria, dor, espanto.**

Exemplos:
Passei!
Que susto!

EMPREGO DE DOIS-PONTOS

Empregam-se os dois-pontos:

a) **antes de uma enumeração.**

Exemplo:
Nesta sala, trabalham: contadores, matemáticos e estatísticos.

b) **antes de uma citação.**

Exemplo:
Romário disse: "Jogo é jogo; treino é treino".

c) **antes de um aposto ou oração subordinada substantiva apositiva.**

Exemplo:
Estas são as cores de que gosto: <u>azul e verde</u>.
Desejo uma coisa: <u>que vocês sejam aprovados</u>.

236 LÍNGUA PORTUGUESA

EMPREGO DO PONTO E VÍRGULA

Emprega-se o ponto e vírgula para:

a) separar **itens de uma enumeração**.

Exemplo:

Art. 1º A República Federativa do Brasil, formada pela união indissolúvel dos Estados e Municípios e do Distrito Federal, constitui-se em Estado Democrático de Direito e tem como fundamentos:

I – a soberania;
II – a cidadania;
III – a dignidade da pessoa humana;
IV – os valores sociais do trabalho e da livre iniciativa;
V – o pluralismo político.

b) separar **orações coordenadas assindéticas, sindéticas adversativas ou sindéticas conclusivas**.

Exemplo:

Ensinei toda a matéria; todos foram aprovados.
Comi muito; **entretanto**, não consegui engordar.
Estudaram muito; **portanto**, foram aprovados.

EMPREGO DAS RETICÊNCIAS

Empregam-se as reticências para:

a) indicar a **interrupção de uma ideia ou hesitação em enunciá-la**.

Exemplo:

Aquelas pessoas ... Prefiro não comentar.

b) indicar a **continuação de um pensamento**.

Exemplo:

Com o que aquelas pessoas dizem ... não me conformo.

Capítulo 5 – Pontuação **237**

c) **realçar uma palavra ou expressão**, antepondo-se as reticências.

Exemplo:
"E as pedras ... essas ... pisa-as toda a gente..."
(Florbela Espanca)

EMPREGO DAS ASPAS

Empregam-se as aspas para:
a) indicar **uma citação.**

Exemplo:
"Vocês vão ter que me engolir." (Zagallo)

b) indicar **estrangeirismos, neologismos, gírias.**

Exemplos:
Se ela estiver na festa, vai "rolar" um clima.
A economia é "imexível".

c) indicar **título de uma obra.**

Exemplo:
Li "Os Lusíadas" algumas vezes.

EMPREGO DE PARÊNTESES

Empregam-se parênteses para:

a) **acrescentar expressões ou orações acessórias.**

Exemplos:
As frutas (que estavam maduras) caíram no chão.
Vocês (que estudaram bastante) passarão no concurso.

EMPREGO DE TRAVESSÃO

Emprega-se o travessão para:

a) ligar **palavras que formam uma cadeia na oração.**

Exemplo:
Hoje à noite passarei pela ponte Rio – Niterói.

b) destacar a **mudança de interlocutor nos diálogos.**

Exemplo:
– Fabiano, você dará aula hoje?
– Sim, meus alunos, porque gosto muito.

c) **acrescentar expressões ou orações com valor de explicação.**

Exemplo:
Romário – ex-jogador de futebol – tornou-se deputado federal.

capítulo . 6

Tipos de discurso

Para reproduzir a fala e os pensamentos das personagens o narrador pode usar três formas de discurso: direto, indireto e indireto livre.

DISCURSO DIRETO

O narrador interrompe a trajetória de sua narração, passando a palavra para as próprias personagens.

O discurso direto traz a fala das personagens precedidas dos chamados **verbos declarativos**, tais como **falar, dizer, responder, argumentar, confessar, ponderar, expressar** etc.

Em alguns casos, o contexto e alguns recursos de pontuação (dois--pontos, travessão, aspas) são suficientes para o anúncio de uma participação direta das personagens.

Exemplos:

1) O pai perguntou ao filho:
– Você foi à escola?

2) – Você foi à escola? – o pai perguntou ao filho.

3) O pai perguntou ao filho: "Você foi à escola?"

4) "Você foi à escola?", perguntou o pai ao filho.

5) O funcionário disse ao patrão:
– Espero voltar no final do expediente.

6) – Espero voltar no final do expediente – disse o funcionário ao patrão.

240 LÍNGUA PORTUGUESA

7) O funcionário disse ao patrão: "Espero voltar no final do expediente."
8) "Espero voltar no final do expediente", disse o funcionário ao patrão.

DISCURSO INDIRETO

O narrador transmite a fala das personagens com suas próprias palavras.

O discurso indireto é caracterizado pela presença dos **verbos declarativos** (**falar, dizer, responder, argumentar, confessar, ponderar, expressar**) e, também, pela **subordinação** entre as orações, basicamente com as conjunções integrantes **que** e **se**.

Exemplos:
O pai perguntou ao filho **se** este havia ido à escola.
O funcionário disse ao patrão **que** esperava voltar no final do expediente.

TRANSPOSIÇÃO DO DISCURSO DIRETO PARA O INDIRETO

Discurso direto: feito em 1ª ou 2ª pessoa.
Exemplo: "O menino disse: – **Irei** ao parque."

Discurso indireto: feito em 3ª **pessoa**.
Exemplo: "O menino disse que **iria** ao parque."

Discurso direto: contém verbo no **presente**.
Exemplo: "O menino disse: – **Estou** no parque."

Discurso indireto: contém verbo no **pretérito imperfeito**.
Exemplo: "O menino disse que **estava** no parque."

Discurso direto: contém verbo no **pretérito perfeito**.
Exemplo: "O menino disse: – **Brinquei** ontem."

Capítulo 6 – Tipos de discurso **241**

Discurso indireto: contém verbo no **pretérito mais-que-perfeito**.
Exemplo: "O menino disse que **brincara** ontem."

Discurso direto: contém verbo no **futuro do presente**.
Exemplo: "O menino disse: – **Brincarei** hoje."

Discurso indireto: contém verbo no **futuro do pretérito**.
Exemplo: "O menino disse que **brincaria** hoje."

Discurso direto: contém verbo no **imperativo**.
Exemplo: – Não **corra** muito – disse o menino."

Discurso indireto: contém verbo no **subjuntivo**.
Exemplo: "O menino disse que não **corresse** muito."

Discurso direto: contém oração **justaposta**.
Exemplo: "O menino disse: – **O parque é divertido**."

Discurso indireto: contém oração **com conjunção**.
Exemplo: "O menino disse **que** o parque estava divertido."

Discurso direto: contém **interrogativa direta**.
Exemplo: "O menino perguntou: – O parque é divertido?"

Discurso indireto: contém **interrogativa indireta**.
Exemplo: "O menino perguntou se o parque era divertido."

Discurso direto: contém pronomes demonstrativos de 1ª (*este, esta, isto*) ou 2ª (*esse, essa, isso*) pessoas.
Exemplo: "O menino disse: – **Este** é o melhor lugar."

Discurso indireto: contém pronome demonstrativo de 3ª (*aquele, aquela, aquilo*) pessoa.
Exemplo: "O menino disse que **aquele** era o melhor lugar."

Discurso direto: apresenta advérbio de lugar **aqui**.
Exemplo: "O menino disse: – **Aqui** é o parque."

Discurso indireto: apresenta advérbio de lugar **ali**.
Exemplo: "O menino disse que **ali** era o parque."

DISCURSO INDIRETO LIVRE

Neste tipo de discurso, o narrador expõe o pensamento da personagem. Pode-se perceber a fala da personagem, porém sem os recursos do discurso direto (dois pontos, travessão, aspas etc.) e do discurso indireto (verbos declarativos e conjunções que ou se).

Exemplo:

"Aperto o copo na mão. Quando Lorena sacode a bola de vidro a neve sobe tão leve. Rodopia flutuante e depois vai caindo no telhado, na cerca e na menininha de capuz vermelho. <u>Então ela sacode de novo.</u> <u>'Assim tenho neve o ano inteiro'</u>. Mas por que neve o ano inteiro? Onde é que tem neve aqui? Acha linda a neve. Uma enjoada. Trinco a pedra de gelo nos dentes."

(Lygia Fagundes Telles, As meninas)

Caso se transpusesse o trecho acima para o discurso direto, a construção seria:

"Então ela sacode de novo e diz:
– Assim tenho neve o ano inteiro.

Caso se transpusesse o trecho acima para o discurso indireto, a construção seria:

"Então ela sacode de novo e diz que assim tem neve o ano inteiro."

capítulo . 7

Semântica

CONCEITO

É o estudo da significação do signo linguístico.

SIGNO LINGUÍSTICO

É a menor unidade de sentido, sendo composta por significante (palavra) e significado (noção, ideia).

$$\text{Signo linguístico} \begin{cases} \text{Significante (palavra)} \\ \text{Significado (noção, ideia)} \end{cases}$$

CAMPO SEMÂNTICO

As palavras podem associar-se de várias maneiras. Quando apresentarem o mesmo radical, pertencerão ao mesmo **campo semântico**, sendo conhecidas como palavras **cognatas**.

Exemplos:
radical *pedr-*: pedra, pedreira, pedreiro, pedregulho, pedraria, pedrada.
radical *noc-*: nocivo, nocividade, (i)nocente, (i)nocentar.
radical *terr-*: terra, terrestre, terreiro, terráqueo.
radical *carn-*: carne, encarnar, desencarnar, carnívoro.

244 LÍNGUA PORTUGUESA

DICA DO APROVADO!

1ª) As palavras podem pertencer ao mesmo campo semântico sem que apresentem o mesmo radical, relacionando-se tão somente pelo sentido.

Exemplos:

cabeça, tórax, braço, perna. (**partes do corpo**)
azul, verde, amarelo, cinza, marrom, lilás, abóbora. (**cores**)

2ª) As palavras podem pertencer ao mesmo campo semântico se houver tão somente uma relação de significado entre elas em um determinado contexto.

Exemplos:

flor, jardim, perfume, terra, espinho.
chuva, tempestade, trovão, relâmpago.

POLISSEMIA

É o fato de haver uma só forma (significante) com mais de um significado. Constata-se, com isso, que um mesmo significante pode apresentar significados diferentes, dependendo do contexto em que estiver inserido.

Exemplos:

MANGA
- Meu colega rasgou a **manga** de minha blusa.
  (manga = parte do vestuário)
- **Comprei** manga **na feira.**
  (manga = fruta)
- **Na sala de aula, ele** manga **de mim.**
  (manga = verbo zombar)

CABO
- **O** cabo **obedeceu às ordens dos superiores.**
  (cabo = patente militar)
- **A cozinheira pegou a faca pelo** cabo.
  (cabo = parte do instrumento)

$$ANDAR \begin{cases} \text{Ele \underline{anda} muito.} \\ \text{(anda = verbo andar)} \\ \\ \text{Aquele executivo só \underline{anda} de avião.} \\ \text{(anda = verbo viajar)} \\ \\ \text{Meu relógio não \underline{anda} mais.} \\ \text{(anda = verbo funcionar)} \end{cases}$$

A polissemia pode ser encontrada, por exemplo, na literatura e na música.

Exemplos:

No meio do caminho
No meio do caminho tinha uma pedra
tinha uma pedra no meio do caminho
tinha uma pedra
no meio do caminho tinha uma pedra.

(Carlos Drummond de Andrade)

No poema de Carlos Drummond de Andrade, a palavra "**pedra**" está empregada em sua acepção conotativa, significando **dificuldade, obstáculo a ser superado**. Portanto, trata-se de um caso de polissemia.

Você deságua em mim
e eu oceano
esqueço que amar
é quase uma dor
só sei viver
se for por você (...)

(Djavan)

Na música "Oceano", o compositor Djavan imprime um sentido conotativo à palavra "**oceano**", que pode assumir, por exemplo, o significado de **totalidade, plenitude**.

246 LÍNGUA PORTUGUESA

DENOTAÇÃO E CONOTAÇÃO

Denotação: é o emprego da palavra em seu sentido próprio, dicionarizado.

Nos textos científicos, a intenção é de informar. Portanto, para que sua estruturação seja lógica, emprega-se a linguagem **denotativa**, ou seja, as palavras seguem os valores do dicionário.

Exemplos:
Já coloquei a **bagagem** no carro.
Crianças gostam de **doce**.
Senti o **coração** acelerado.
Ele **anda** muito.

Conotação: é o sentido que a palavra assume em determinado contexto, ou seja, é o emprego da palavra em sentido figurado.

Nos textos literários, a intenção é a arte. Logo, a linguagem é **conotativa**, ou seja, assumem sentidos contextuais.

Exemplos:
Ele demonstrou possuir vasta **bagagem** cultural.
Maria tem um sorriso **doce**.
Hoje penetraremos no **coração** da selva.
Ele **anda** doente.

DICA DO APROVADO!

O estudo da **conotação** implica a compreensão de duas figuras de linguagem: **metáfora** e **metonímia**.

Metáfora: é uma comparação elíptica da conjunção comparativa "como" e/ou o uso de uma palavra ou expressão por outra, por meio de uma relação completamente subjetiva entre a significação própria e a figurada.

Exemplos:

"Meu coração é um balde despejado." (*Fernando Pessoa*)
"A vida é combate..." (*Gonçalves Dias*)

DICA DO APROVADO!

Metonímia: é a relação natural, sem comparação; há substituição de uma palavra por outra com a qual mantém relação de proximidade, de limitação ou extensão de sentido.

A metonímia ocorre, principalmente, quando há o emprego:

a) **Do autor pela obra.**
Exemplos:
Volta e meia consulto **Bechara**. (Bechara = gramática)
Vejo que leu **Monteiro Lobato**.

b) **Do inventor pelo invento.**
Exemplos:
Graham Bell aproximou as pessoas. (Graham Bell = telefone)
Comprarei um **Ford**. (Ford = carro)

c) **Do lugar ou a marca pelo produto.**
Exemplos:
Para saciar a sede, bebo **Caxambu**. (Caxambu = água)
"Beijarias até uma caveira
Se o espumante **Madeira** ali corresse!" (Madeira = champanhe)
(Aluísio Azevedo)

d) **Do continente pelo conteúdo.**
Exemplos:
Bebi um **copo de vinho**.
"**Ninhos** cantando! Em flor a terra toda!" (Ninhos = passarinhos)
(Olavo Bilac)

e) **Do concreto pelo abstrato.**
Exemplos:
O **marfim** de teus dentes. (marfim = brancura)
Ele era meu **braço direito**. (braço direito = amparo)

f) **Da matéria pelo artefato.**
Exemplos:
Jesus no **lenho** expira magoado. (lenho = cruz)
Ganhei alguns **níqueis**. (níqueis = dinheiro)

Tanto a denotação quanto a conotação podem ser encontradas em diversos ramos da sociedade. Ilustra-se, por exemplo, com uma propaganda da *Faber-Castell*, em que os publicitários empregaram o duplo sentido das palavras para chamar a atenção do público.

Exemplo:

Nossas Atividades: <http://atividades1008.blogspot.com>. Acesso em 5 de jul. 2011.

Na figura acima, a expressão "perdeu o sono" assume os sentidos denotativo e conotativo. Neste, a coruja não dormiu porque ficou preocupada com a devastação da natureza, local em que vive. Naquele, a coruja perdeu o sono porque, haja vista a devastação das árvores, ficou sem galho para dormir.

HOMONÍMIA E PARONÍMIA

Homônimos

São duas ou mais palavras que têm a mesma estrutura fonológica, ainda que tenham significados diferentes. Tripartem-se em:

Capítulo 7 – Semântica **249**

- **Homônimos homófonos**
  Iguais somente quanto à pronúncia.

Exemplos:
coser / cozer;
expiar / espiar;
cela / sela;
sinto / cinto; senso / censo;
ceda / seda

- **Homônimos homógrafos**
  Iguais somente quanto à grafia.

Exemplos:
colher (verbo) / colher (substantivo);
sede (é) / sede (ê);
peso (verbo) / peso (substantivo)

- **Homônimos perfeitos**
  Iguais quanto à pronúncia e à grafia.

Exemplos:
são (verbo) / são (adjetivo);
cedo (advérbio) / cedo (verbo);
tacha (substantivo) / tacha (verbo)

Parônimos

É a relação entre duas ou mais palavras que são parecidas, mas que possuem sentidos diferentes.

Exemplos:

acento (inflexão de voz, sinal gráfico)

assento (base, apoio; registro, apontamento)

ao encontro de (favorável a)

250 LÍNGUA PORTUGUESA

de encontro a (em prejuízo de)

concertar (combinar, harmonizar)

consertar (remendar, restaurar)

esperto (inteligente, ativo)

experto (perito, experiente)

infringir (transgredir)

infligir (aplicar)

proscrever (proibir)

prescrever (aconselhar)

ratificar (confirmar, corroborar)

retificar (corrigir, emendar)

tráfego (trânsito, fluxo)

tráfico (comércio ilegal)

RELAÇÃO DE HOMÔNIMOS E PARÔNIMOS

Abaixo segue uma lista dos principais homônimos e parônimos, com os respectivos significados.

Acender: subir, elevar-se.
Ascender: atear fogo, abrasar.

Acento: inflexão de voz, sinal gráfico.
Assento: base, cadeira, apoio; registro, apontamento.

Acerca de: a respeito de, sobre.
A cerca de: a uma distância aproximada de.
Há cerca de: faz aproximadamente, existe(m) perto de.

Acerto: estado de acertar; precisão, segurança; ajuste.
Asserto: afirmação, asserção.

Capítulo 7 – Semântica **251**

Acidente: desgraça, desastre; relevo geográfico.
Incidente: acessório; episódio, circunstância.

Afim: parente por afinidade; semelhante, análogo.
A fim (de): para (locução conjuntiva final).

Aleatório: fortuito, eventual.
Alheatório: que alheia, que transfere a outrem o domínio de algo.

Amoral: indiferente à moral, que não se preocupa com a moral.
Imoral: contrário à moral, indecente.

Ao encontro de: para junto de, favorável a.
De encontro a: contra, em prejuízo de.

Ao invés de: ao contrário de.
Em vez de: em lugar de.

A par: ciente, ao lado, junto.
Ao par: de acordo com a convenção legal; equivalência.

Apreçar: marcar o preço de, avaliar, ajustar.
Apressar: acelerar, dar pressa a, instigar.

Área: superfície, espaço.
Ária: cantiga, melodia; povo antepassado dos indo-europeus.

Aresto: decisão judicial insuscetível de reforma.
Arresto: embargo; apreensão judicial de bens do devedor.

Arrear: pôr arreios a; aparelhar.
Arriar: abaixar, descer, inutilizar, desaminar.

Arrochar: apertar muito.
Arroxar: tornar roxo.

Ás: pessoa notável em sua especialidade; carta de jogo.
Az: esquadrão, ala do exército, fileira.

Asado: que tem asas, alado.
Azado: oportuno, propício.

Assoar: expelir secreção nasal.
Assuar: vaiar, apupar.

À-toa: imprestável, ruim ordinário.
À toa: sem rumo.

Atuar: agir, influenciar.
Autuar: reduzir a auto, processar.

Avocar: atrair, atribuir-se, chamar.
Evocar: trazer à lembrança.

Brocha: prego curto.
Broxa: pincel.

Cabide: móvel ou objeto em que se penduram roupas, chapéus, etc.
Cabido: coletivo de cônegos (padres).

Caçar: perseguir, apanhar.
Cassar: anular, suspender.

Carear: confrontar, acarear.
Cariar: criar cárie.

Casual: acidental, fortuito, ocasional.
Causal: relativo à causa, que exprime causa.

Cavaleiro: homem a cavalo.
Cavalheiro: homem gentil, de boas maneiras e ações.

Cela: aposento de religiosos, cubículo.
Sela: arreio de cavalgadura.

Censo: recenseamento, contagem.
Senso: juízo, discernimento.

Cerrar: fechar, apertar, encerrar.
Serrar: cortar, separar.

Cessão: ato de ceder, cedência.
Seção ou secção: setor, corte, subdivisão, parte de um todo.
Sessão: espaço de tempo em que se realiza uma reunião; reunião.

Chá: planta; as folhas dessa planta.
Xá: soberano da Pérsia.

Chácara: quinta, habitação campestre.
Xácara: romance popular em verso.

Cheque: ordem de pagamento.
Xeque: chefe árabe; lance de xadrez; perigo.

Cível: relativo ao Direito Civil; jurisdição dos tribunais civis.
Cívil: referente às relações dos cidadãos entre si; polido.

Comprimento: extensão, tamanho, distância.
Cumprimento: saudação, ato de cumprir.

Cocho: manjedoura.
Coxo: que coxeia, que tem falta de pé ou de perna.

Concertar: combinar, harmonizar, arranjar.
Consertar: remendar, restaurar.

Conjetura: suposição, hipótese.
Conjuntura: oportunidade, momento, ensejo, situação.

Correção: retidão, repreensão.
Correição: exame feito pelo juiz nos cartórios jurisdicionais; fila de formigas.

Coser: costurar.
Cozer: cozinhar.

Deferir: atender, conceder, anuir.
Diferir: divergir; adiar, retardar, dilatar.

Degradar: rebaixar, desonrar, aviltar.
Degredar: exilar, desterrar, banir.

Delatar: denunciar, acusar.
Dilatar: adiar, prorrogar.

Descrição: ato de descrever; explanação.
Discrição: moderação, reserva, recato, modéstia.

Despensa: depósito de mantimentos.
Dispensa: escusa, licença, demissão.

Despercebido: não visto, não notado, ignorado.
Desapercebido: desprevenido, desguarnecido, desprovido.

Dessecar: secar completamente, enxugar.
Dissecar: analisar, examinar, dividir anatomicamente.

Destratar: ofender, insultar.
Distratar: desfazer um trato ou contrato.

Elidir: suprimir, eliminar.
Ilidir: refutar, rebater.

Emaçar: reunir em maço.
Emassar: reduzir a massa, converter em massa.

Emergir: vir à tona, aparecer.
Imergir: mergulhar, penetrar, afundar.

Eminente: alto, elevado; sublime, célebre.
Iminente: imediato, próximo, prestes a acontecer.

Emigrar: sair da pátria.
Imigrar: entrar (em país estranho) para viver nele.

Emitir: expedir, enviar.
Imitir: fazer entrar, meter; investir.

Enfestar: dobrar pelo meio em sua largura (a fazenda).
Infestar: devastar, assolar.

Esbaforido: cansado, ofegante.
Espavorido: apavorado, espantado.

Espectador: testemunha, assistente.
Expectador: aquele que tem expectativa, esperançoso.

Esperto: fino, inteligente, atilado, ativo.
Experto: perito, experiente.

Capítulo 7 – Semântica **255**

Espiar: espreitar, olhar.
Expiar: pagar, resgatar (crime, falta, pecado).

Estada: permanência, demora de uma pessoa em algum lugar.
Estadia: permanência paga do navio no porto para carga e descarga. Aplica-se a veículos.

Estância: morada, mansão.
Instância: pedido urgente e repetido; jurisdição, foro.

Estrato: nuvem; camada.
Extrato: perfume, loção; resumo.

Estufar: meter ou aquecer em estufa.
Estofar: cobrir de estofo, acolchoar.

Flagrante: evidente, manifesto.
Fragrante: aromático, perfumoso.

Florescente: florido, próspero.
Fluorescente: que tem a propriedade da fluorescência; luminoso.

Folear: cobrir com folhas, criar folhas.
Folhear: passar as folhas de um livro, caderno.

Fusível: peça de eletricidade.
Fuzil: arma de cano longo.

Incerto: duvidoso, indeciso, não certo.
Inserto: inserido, incluído.

Incipiente: principiante, iniciante.
Insipiente: ignorante.

Indefeso: desarmado, fraco.
Indefesso: incansável, infatigável.

Infligir: aplicar (pena, castigo, multa, etc.).
Infringir: transgredir, desrespeitar, desobedecer.

256 LÍNGUA PORTUGUESA

Intercessão: intervenção, mediação.
Interse(c)ção: ponto em que se cruzam duas linhas ou superfícies.

Intimorato: sem temor, destemido.
Intemerato: puro, íntegro, incorrupto.

Laço: laçada; traição, engano.
Lasso: fatigado, cansado, frouxo.

Lista: relação, catálogo, cardápio.
Listra: risca de cor diferente num tecido.

Locador: que dá de aluguel, proprietário.
Locatário: que recebe de aluguel, inquilino.

Lustre: brilho, polimento; lâmpada, candelabro.
Lustro: período de cinco anos, quinquênio.

Maça: clava; pilão.
Massa: matéria contida num copo; miolo, pasta.

Mandado: ato de mandar.
Mandato: autorização que se confere a outrem, delegação.

Mandante: que ordena, dirigente.
Mandatário: pessoa mandada, representante, delegado, procurador.

Originalmente: de maneira nova.
Originariamente: inicialmente.

Paço: palácio, palácio do governo; a corte.
Passo: ato de andar, caminho, marcha; episódio.

Preceder: anteceder, vir antes.
Proceder: descender, provir, originar-se; comportar-se. realizar; caber, ter fundamento.

Presar: capturar, apresar, agarrar.
Prezar: estimar muito, amar, respeitar, acatar.

Capítulo 7 – Semântica **257**

Prescrever: determinar, preceituar, ordenar, receitar.
Proscrever: condenar a degredo, desterrar; proibir, abolir, suprimir.

Ratificar: validar, confirmar autenticamente.
Retificar: corrigir, emendar.

Ruço: pardacento; desbotado; grisalho.
Russo: referente à Rússia; natural ou habitante da Rússia; língua da Rússia.

Sortir: abastecer, prover.
Surtir: ter como resultado, produzir efeito.

Sustar: deter, suspender, interromper.
Suster: sustentar, manter, alimentar.

Tacha: pequeno prego; mancha, nódoa.
Taxa: preço ou quantia que se estipula como compensação de certo serviço; razão do juro.

Tachar: pôr prego em; notar defeito em, censurar, criticar, acusar.
Taxar: regular o preço; lançar imposto sobre; moderar, regular.

Tapar: fechar, cercar, cobrir.
Tampar: cobrir com tampa.

Testo: tampa de ferro ou de barro para vasilhas.
Texto: redação, teor.

Vadear: atravessar a vau, passar a pé (o rio, etc.).
Vadiar: vagabundear, brincar, divertir-se.

Válido: legal; proveitoso; vigoroso, potente, sadio.
Valido: favorecido, protegido, favorito.

Vestiário: guarda-roupa; quarto onde se troca de roupas.
Vestuário: conjunto de peças de roupa que se vestem; traje.

Vultoso: grande, volumoso.
Vultuoso: vermelho e inchado (diz-se do rosto).

SINONÍMIA E ANTONÍMIA

Sinonímia: há sinonímia quando duas ou mais palavras têm o mesmo significado em determinado contexto.

Exemplos:

O <u>comprimento</u> da sala é de oito metros.

A <u>extensão</u> da sala é de oito metros.

A <u>casa</u> é bonita e grande.

A <u>residência</u> é bonita e grande.

A <u>morada</u> é bonita e grande.

<u>Embora</u> <u>voltasse</u> ao quartel, deixava os <u>soldados</u> em alerta.

<u>Posto que</u> <u>regressasse</u> ao quartel, deixava os <u>praças</u> em alerta.

<u>Mal</u> ele saiu, todos chegaram.

<u>Assim que</u> ele saiu, todos chegaram.

DICA DO APROVADO!

Existem, também, os **sinônimos circunstanciais**, que são adequados em determinado contexto.

Exemplo:

<u>Dilma Rousseff</u> desembarcou em Brasília. No Palácio do Planalto, a <u>presidente</u> fez seu pronunciamento.

Antonímia: trata-se do emprego de palavras de sentido contrário, oposto.

Exemplos:

É um menino <u>corajoso</u>.
É um menino <u>medroso</u>.

Capítulo 7 – Semântica **259**

DICA DO APROVADO!

Uma figura de linguagem que pode ser empregada para a obtenção termos antoní-micos é a **antítese**. Através desse recurso estilístico, faz-se a contraposição simétrica de palavras ou expressões de significado contrário, para:

a) pôr em relevo a oposição entre elas;

Exemplo:
"Residem juntamente no teu peito um **demônio** que ruge e um **Deus** que chora." (*Olavo Bilac*)

b) obter um efeito paradoxal;

Exemplo:
"**Nada**! Esta só palavra em si resume **tudo**." (*Raimundo Correia*)

capítulo . 8

Exercícios

01. (CFC/Contador - 1º/2000) Assinale a alternativa CORRETA:

a) Cessão é o ato de ceder.
b) Seção é o ato de ceder.
c) Cesão é o ato de ceder.
d) Ceção é o ato de ceder.

Resposta: "A"

Comentário

O vocábulo "cessão" significa o "ato ou efeito de ceder". Já a palavra "seção" é conceituada como o "ato ou efeito de secionar, cortar". É importante ressaltar que também existe o parônimo "sessão", que significa "reunião" ou "espaço de tempo em que se realiza determinada atividade".

02. (CFC/Contador – 1º/2000) Assinale a frase CORRETA:

a) Um extranho ameaçou-me com a arma.
b) Um extranho ameaçou-me com a tua arma.
c) Um extranho ameaçou-me com sua arma.
d) Um estranho ameaçou-me com uma arma.

Resposta: "D"

Comentário

O vocábulo "estranho" é grafado com S.

262 LÍNGUA PORTUGUESA

03. (CFC/Técnico – 2º/2001) O item em que há ERRO de grafia é:

a) Subhumano.
b) Pré-contratual.
c) Subprodutos.
d) Predeterminado.

Resposta: "A"

Comentário

O VOLP – Vocabulário Ortográfico da Língua Portuguesa – admite dupla escrita: subumano (sem hífen e sem "h") ou sub-humano (com hífen e com "h"). Com o novo acordo ortográfico, permaneceu a dupla possibilidade gráfica.

04. (CFC/Técnico – 2º/2001) O item em que há ERRO de grafia é:

a) Hífens / ítens / réfem.
b) Além / recém/ também.
c) Alguém / aquém / amém.
d) Ciclâmen / hífen / pólen.

Resposta: "A"

Comentário

As palavras "hifens" e "itens" são paroxítonas terminadas em "em", formando plural em "ens". Portanto, não são acentuadas graficamente. Quanto à palavra "refém", a pronúncia correta é como oxítona, sendo acentuada por terminar em "em".

05. (CRC/SC – Contador – 2010) Assinale a alternativa na qual a acentuação gráfica do vocábulo está corretamente justificada.

a) é – monossílabo átono.
b) valorização – proparoxítono.
c) além – monossílabo tônico terminado em <u>em</u>.
d) variáveis – paroxítono terminado em ditongo aberto.

Capítulo 8 – Exercícios **263**

e) desperdício – paroxítono terminado em ditongo crescente.

Resposta: "E"

Comentário

A única justificativa correta encontra-se na assertiva E. "Desperdício" é uma palavra paroxítona terminada em ditongo crescente (semivogal "i" + vogal "o"). Portanto, deve ser acentuada.

É importante frisar que alguns gramáticos – Celso Cunha, por exemplo – consideram os vocábulos terminados em ditongos crescentes como proparoxítonos eventuais.

06. (CFC/Técnico – 2º/2000) Marque a alternativa em que todas as palavras da série estejam CORRETAS:

a) Jurídico, marques, ambar, reino.

b) Rêde, cútis, egoísmo, tênis.

c) Saci, ponei, câncer, caquí.

d) Gaúcho, carbônico, saúde, cútis.

Resposta: "D"

Comentário

As palavras "gaúcho", "carbônico", "saúde" e "cútis" estão acentuadas corretamente: em gaúcho e saúde, o "u" tônico é grafado com acento agudo por estar sozinho na sílaba e não antecedido de vogal idêntica; em "carbônico" é acentuado por ser um vocábulo proparoxítono; e em "cútis", emprega-se o acento agudo por ser uma palavra paroxítona terminada em "i" (seguida de –s).

07. (CFC/Técnico – 2º/2001) Algumas palavras em português são acentuadas quando usadas no singular e não o são quando flexionadas no plural. Marque a alternativa onde esta afirmativa se confirma:

a) Vírus, beribéri, bênção.

b) Convés, caráter, revés.
c) Vintém, armazém, avô.
d) Tênue, ciúme, fácil.

Resposta: "B"

Comentário

As palavras "convés", "caráter" e "revés" fazem, respectivamente, o plural em "conveses", "caracteres" e "reveses" (paroxítonas terminadas em "e", seguido de –s). Por essa razão, não devem ser acentuados os respectivos plurais.

08. (CFC/Técnico – 2º/2001) **O item em que todas as palavras estão acentuadas em decorrência da mesma regra é:**

a) Contábil / nível / legível.
b) Poderá / bacharéis / português.
c) Responsáveis / matemática / conteúdo.
d) Instituída / preparatório / esferográfica.

Resposta: "A"

Comentário

"Contábil", "nível" e "legível" são palavras paroxítonas terminadas em "l". Portanto, obedecem à mesma regra.

09. (CFC/Técnico – 1º/2002) **Em "Até pouco tempo atrás, a prioridade era comprar a casa própria, o carro e o telefone. Agora, priorizam-se a educação, os planos de saúde e a previdência privada." (Revista VEJA, 20/2/2002), o item em que as duas palavras são acentuadas graficamente em decorrência da mesma regra é:**

a) Até / própria.
b) atrás / saúde.
c) Até / atrás.
d) própria / saúde.

Resposta: "C"

Comentário

As palavras "até" e "atrás" são oxítonas terminadas em "e" e "a" (seguida de -s).

10. (CRC/MA – Assistente Administrativo – 2010)

Tudo por dinheiro

Paulista de 29 anos, o piloto de Fórmula 1 Felipe Massa possui em seu currículo 11 vitórias, 30 pódios e um vice-campeonato, em 2008. Naquele ano, guiando uma possante Ferrari, perdeu o título na última curva de Interlagos, apesar de vencer a prova para delírio dos fãs na arquibancada. Perdeu disputando, fazendo bonito, como se diz no automobilismo.

A derrota, porém, nunca lhe caiu bem. Demonstrava a garra de campeão, e por isso alimentava o espírito patriota plantado no coração do povo com competência por Ayrton Senna. Massa parecia trilhar o caminho vitorioso de campeões como Senna, Nelson Piquet e Emerson Fittipaldi. Mas, no domingo 25, calou a alma dos milhares de brasileiros que acordaram cedo para ver o Grande Prêmio de Hockenheim, na Alemanha. Na 49ª volta, ele desacelerou em uma reta a Ferrari com a qual liderava a prova, para permitir que Fernando Alonso, seu companheiro de equipe, o ultrapassasse com facilidade rumo à bandeirada final.

Ali, ao vivo, diante de todos, feriu de morte o orgulho nacional. Chegou em segundo, escoltando o concorrente. Havia cumprido uma ordem do chefe. Pior, ouvida alto e bom som durante a transmissão. Sua máscara caiu ali, naquela reta.

[...] "Em vez de patrocinar uma mudança de mentalidade nos brasileiros, de abolir o jeitinho, o esporte exaltou o lado sujo, sombrio, por causa desse episódio do Felipe Massa", diz o sociólogo Maurício Murad, da Universidade Estadual do Rio de Janeiro. "Foi um tiro no pé."

(IstoÉ – Agosto/2010)

266 LÍNGUA PORTUGUESA

Marque a alternativa em que o termo sublinhado NÃO representa um artigo.

a) "...o esporte exaltou <u>o</u> lado sujo, ..."

b) "Chegou em segundo, escoltando <u>o</u> concorrente."

c) "...perdeu <u>o</u> título na última curva de Interlagos,..."

d) "Massa parecia trilhar <u>o</u> caminho vitorioso de campeões como Senna, ..."

e) "...para permitir que Fernando Alonso, seu companheiro de equipe, <u>o</u> ultrapassasse com facilidade rumo à bandeirada final.

Resposta: "E"

Comentário

Na assertiva E, o termo sublinhado é classificado como pronome oblíquo átono, funcionando como elemento de coesão textual, referindo-se a Felipe Massa.

11. (CFC/Técnico – 2º /2001) O item que contém ERRO gramatical, de acordo com a norma culta, é:

a) Devo consultar toda a documentação para mim chegar à conclusão.

b) Entre mim e os técnicos não há discordância.

c) Para mim, fazer estes cálculos é fácil.

d) O relatório da auditoria está bastante claro para mim.

Resposta: "A"

Comentário

Quando o pronome **eu** desempenhar a função de **sujeito**, deverá ser empregado, mesmo após a preposição. É o que deveria ter ocorrido na assertiva A, já que o pronome **eu** é sujeito do verbo "chegar".

12. (CFC/Técnico – 2º /2001) O item que contém enunciado gramaticalmente CORRETO é:

Capítulo 8 – Exercícios **267**

a) Os candidatos deverão trazer consigo documento de identidade original.

b) Ambos candidatos saíram-se bem na prova.

c) O candidato cujo o cartão de inscrição foi extraviado não pôde fazer prova.

d) Os candidatos são tal qual os vestibulandos: ansiosos, apesar de preparados.

Resposta: "A"

Comentário

A forma pronominal **consigo** é **exclusivamente reflexiva**, ou seja, só pode ser usada em relação ao próprio sujeito da oração. É o que ocorre na assertiva A.

13. (CRC/MA - Contador – 2010) **No fragmento "Para a sucata o retroprojetor, que precisava de ajudante para passar seus acetatos caros, que não aceitavam correções, que caíam no chão e se misturavam.", a palavra QUE é apresentada três vezes. Em cada uma dessas vezes, considerando-se a ordem em que aparece no trecho, retoma, respectivamente,**

a) retroprojetor, caros, correções.

b) sucata, acetatos, correções.

c) retroprojetor, ajudante, acetatos.

d) sucata, caros, correções.

e) retroprojetor, acetatos, acetatos.

Resposta: "E"

Comentário

Questão que trabalha o conceito de pronome relativo. É um importante elemento de coesão textual, pois substitui e se refere ao termo antecedente (referência anafórica). Na primeira apresentação, o pronome relativo **que** retoma a palavra "retroprojetor"; e, na segunda e terceira apresentações, o vocábulo "acetatos".

268 LÍNGUA PORTUGUESA

14. (CFC/Contador – 1º /2001) Marque a frase em que a colocação do pronome está INCORRETA:

a) Romano, escuta-me.
b) Não me vejo calar.
c) Não devo calar-me.
d) Não vejo-a há muito tempo.

Resposta: "D"

Comentário

Conforme as lições de colocação pronominal, quando houver palavras de sentido negativo (nada, ninguém, não etc.), a colocação do pronome oblíquo deve ser proclítica (antes do verbo). Sendo assim, a frase correta seria "Não a vejo há muito tempo".

15. (CFC/Técnico 2º/2000) Marque a frase em que a colocação do pronome está INCORRETA:

a) Até lá muitos já ter-se-ão arrependido.
b) Os amigos tinham-se revoltado.
c) Você tem-se governado com sabedoria.
d) Ter-lhe-ia sido nociva alguma de minhas ordens?

Resposta: "A"

Comentário

Quando houver advérbios (sem pausa), a colocação pronominal deve ser proclítica (antes do verbo), ainda que este esteja no futuro do presente. Desta forma, a frase correta seria "Até lá muitos já se terão arrependido".

16. (CFC/Contador – 2º /2003) O enunciado INCORRETO quanto à norma culta da língua portuguesa é:

a) O senhor perdoe-me se o venho molestar.
b) Pago, e o Fisco e eu vivemos *in love*.

Capítulo 8 – Exercícios **269**

c) Me rendeu milhões de cruzeiro-sonho.

d) Porque confessei, estou confortado agora.

Resposta: "C"

Comentário

Em início de oração, a colocação deve ser enclítica (após o verbo). Logo, a frase correta é "Rendeu-me milhões de cruzeiro-sonho".

17. (CFC/Contador – 2º /2001) O item que apresenta uso IN-CORRETO do infinitivo impessoal é:

a) O graduado em ciências contábeis conseguiu fazer os leigos entender a questão.

b) Os especialistas em assuntos orçamentários começaram a antever o fim da crise.

c) Os técnicos em contabilidade sabem resolver esse tipo de problema.

d) Os interessados em ciência e tecnologia quiseram conhecer os pormenores da pesquisa.

Resposta: "A"

Comentário

A flexão do infinitivo será obrigatória quando houver sujeito claramente expresso, fato que ocorre na assertiva A. "Os leigos" é sujeito do verbo "entender", logo a forma verbal deve ser flexionada. A frase correta é "O graduado em ciências contábeis conseguiu fazer os leigos entenderem a questão".

18. (CFC/Contador – 1º /2002 - Adaptada) Leia o texto abaixo, extraído da Revista VEJA, de 20/2/2002, e responda ao item.

"Alguns métodos para estratificar a sociedade são desenvolvidos por especialistas, mas há três principais. Um deles, o mais tradicional, classifica as pessoas segundo o nível educacional e a profissão do chefe de família. Por esse critério, a classe média é formada basicamente

270 LÍNGUA PORTUGUESA

por universitários e pessoas que não exercem trabalhos manuais. São advogados, médicos, funcionários públicos e comerciários. Alguns de seus integrantes podem até ganhar menos que um operário de fábrica, mas renda não importa nesse caso."

Pode-se afirmar que é **CORRETO** substituir, no contexto em que se encontra, o vocábulo "até" por "até mesmo".

Comentário

A palavra "até" pode ser substituída pela expressão "até mesmo", pois ambas, no contexto, são palavras (e locuções) denotativas de inclusão. Item correto.

19. (CFC/Contador – 1º /2004)

A Contabilidade como conhecimento

A Contabilidade possui objeto próprio – o Patrimônio das Entidades – e consiste em conhecimentos obtidos por metodologia racional, com as condições de generalidade, certeza e busca das causas, em nível qualitativo semelhante às demais ciências sociais. A Resolução alicerça-se na premissa de que a Contabilidade é uma ciência social com plena fundamentação epistemológica. Por consequência, todas as demais classificações – método, conjunto de procedimentos, técnica, sistema, arte, para citarmos as mais correntes – referem-se a simples facetas ou aspectos da Contabilidade, usualmente concernentes à sua aplicação prática, na solução de questões concretas. (...)

O objeto delimita o campo de abrangência de uma ciência, tanto nas ciências formais quanto nas factuais, das quais fazem parte as ciências sociais. Na Contabilidade, o objeto é sempre o PATRIMÔNIO de uma Entidade, definido como um conjunto de bens, direitos e de obrigações para com terceiros, pertencente a uma pessoa física, a um conjunto de pessoas, como ocorre nas sociedades informais, ou a uma sociedade ou instituição de qualquer natureza, independentemente da sua finalidade, que pode, ou não, incluir o lucro. O essencial é que o patrimônio disponha de autonomia em relação aos demais patrimônios existentes, o que significa que a Entidade dele pode dispor livremente,

Capítulo 8 – Exercícios **271**

claro que nos limites estabelecidos pela ordem jurídica e, sob certo aspecto, da racionalidade econômica e administrativa.

O Patrimônio também é objeto de outras ciências sociais – por exemplo, da Economia, da Administração e do Direito – que, entretanto, o estudam sob ângulos diversos daquele da Contabilidade, que o estuda nos seus aspectos quantitativos e qualitativos. A Contabilidade busca, primordialmente, apreender, no sentido mais amplo possível, e entender as mutações sofridas pelo Patrimônio, tendo em mira, muitas vezes, uma visão prospectiva de possíveis variações. As mutações tanto podem decorrer da ação do homem, quanto, embora quase sempre secundariamente, dos efeitos da natureza sobre o Patrimônio.

(Antônio Lopes de Sá. *Princípios Fundamentais de Contabilidade*. São Paulo: Atlas, 1985, p. 224-225.)

No texto, é semântica e gramaticalmente correta a substituição feita pelo vocábulo sublinhado em:

a) "consiste em conhecimentos obtidos <u>mediante</u> metodologia racional".

b) "busca <u>pelas</u> causas".

c) "<u>a</u> nível qualitativo".

d) "alicerça-se <u>sob</u> a premissa".

Resposta: "A"

Comentário

Segundo o dicionário eletrônico Houaiss da língua portuguesa, "mediante" equivale a "por meio de, por intermédio de". Logo, em "consiste em conhecimentos obtidos mediante metodologia racional", é possível substituir "mediante" pela preposição "por" sem prejuízo semântico e gramatical: "consiste em conhecimentos obtidos por intermédio de metodologia racional".

20. (CRC/MA - Contador – 2010) Considere texto publicitário abaixo, da Azul Linhas Aéreas Brasileiras, veiculado na revista Época, de 5/10/2009, para responder à questão 20.

272 LÍNGUA PORTUGUESA

"A Azul tem sempre o melhor preço. E, se você comprar antes, paga menos ainda."

No texto acima, a conjunção E relaciona:

a) dois períodos e expressa a ideia de adição.
b) dois termos e expressa ideia de adição.
c) duas orações e expressa ideia de adição.
d) dois termos e expressa a ideia de oposição.
e) dois períodos e expressa ideia de adversidade.

Resposta: "E"

Comentário

Cabe, aqui, diferenciar período e oração. Por período compreende-se a expressão verbal que apresenta sentido completo. É iniciado com letra maiúscula e finalizado por um ponto final. Logo, no texto da questão, há dois períodos. Por sua vez, dá-se o nome de oração à estrutura que contém verbo (expresso ou implícito), podendo ou não ter sentido completo. O número de frases em um período varia, em geral, de acordo com o número de verbos. Sendo, assim, no texto da questão, há três orações, haja vista a presença dos verbos "ter", "comprar" e "pagar".

Com relação à conjunção "e", no contexto em que se encontra, pode-se afirmar que seu valor é adversativo, equivalendo, portanto, à conjunção adversativa "mas", que denota ideia de adversidade. Em outras palavras, "A Azul tem sempre o melhor preço. Mas, se você comprar antes, paga menos ainda."

21. (CRC/SC – Assistente Jurídico – 2010 - Adaptada) Considere o enunciado abaixo:

"O custo de produção dos alimentos é alto, não apenas pelo uso de máquinas, combustíveis, energia elétrica, fertilizantes e outros materiais, mas também pelo uso de recursos naturais, como o solo, a água e a biodiversidade."

Capítulo 8 – Exercícios **273**

Com base no enunciado acima, pode-se afirmar que as expressões sublinhadas podem ser substituídas por "não só" e "como também", respectivamente, sem que o sentido se altere.

Comentário

A correção "não só ... mas também" apresenta valor de adição e pode, sem alteração de sentido, ser substituída pela correlação equivalente "não apenas ... como também". Item correto.

22. (CRC/MA - Contador – 2010)

Power Point com carteirinha

Power Point era o invento que faltava. Permite colocar na parede o que antes era colocado em garranchos escritos no quadro-negro. Fim do pó de giz. Fim da perda de tempo esperando o professor escrever. Viva o império das cores, dos desenhos elegantes, dos sons, dos hipertextos (com YouTube e animações). Fim das falhas de memória, pois, uma vez bem feito, dura para sempre. Mas, se necessário, corrigimos em segundos. Para a sucata o retroprojetor, que precisava de ajudante para passar seus acetatos caros, que não aceitavam correções, que caíam no chão e se misturavam. Só que, na prática, costuma ser um desastre. Cruzes! (...)

(CASTRO, C. M. **Power Point com carteirinha**. *Veja*, S. Paulo, nº 32, p. 26, agosto 2010)

Os valores semânticos de para, respeitando-se a ordem do emprego dessa palavra no trecho "Para a sucata o retroprojetor, que precisava de ajudante para passar seus acetatos caros, que não aceitavam correções, que caíam no chão e se misturavam." são, respectivamente,

a) lugar e finalidade.
b) tempo e causa.
c) possibilidade e finalidade.
d) origem e posse.
e) movimento e origem.

274 LÍNGUA PORTUGUESA

Resposta: "A"

Comentário

A primeira ocorrência de "para" apresenta valor adverbial de lugar – para onde o retroprojetor será enviado, remetido. Já a segunda ocorrência de "para" traz a noção de finalidade. É uma conjunção subordinativa final, equivalente à locução "a fim de": "(...) precisava de ajudante a fim de que passasse seus acetatos (...)".

23. (CFC – Contador – 2º/2001) É CORRETO substituir:

a) Mal por assim que, em "Mal terminou o relatório, emitiu parecer conclusivo."

b) Posto que por porque, em "Posto que já soubessem de tudo, concluíram as investigações.

c) À medida que por na medida em que, em "À medida que analisava os dados, convencia-me da fraude."

d) Portanto por porquanto, em " Não se sabe, portanto, até que ponto houve culpa de quem elaborou o relatório.

Resposta: "A"

Comentário

O advérbio de tempo "mal" e a locução subordinativa "assim que" são sinônimos, denotando valor de tempo. Logo, é correta a substituição.

24. (CRC-MA – Assistente Administrativo – 2010)

Tudo por dinheiro

Paulista de 29 anos, o piloto de Fórmula 1 Felipe Massa possui em seu currículo 11 vitórias, 30 pódios e um vice-campeonato, em 2008. Naquele ano, guiando uma possante Ferrari, perdeu o título na última curva de Interlagos, apesar de vencer a prova para delírio dos fãs na arquibancada. Perdeu disputando, fazendo bonito, como se diz no automobilismo.

Capítulo 8 – Exercícios **275**

A derrota, porém, nunca lhe caiu bem. Demonstrava a garra de campeão, e por isso alimentava o espírito patriota plantado no coração do povo com competência por Ayrton Senna. Massa parecia trilhar o caminho vitorioso de campeões como Senna, Nelson Piquet e Emerson Fittipaldi. Mas, no domingo 25, calou a alma dos milhares de brasileiros que acordaram cedo para ver o Grande Prêmio de Hockenheim, na Alemanha. Na 49ª volta, ele desacelerou em uma reta a Ferrari com a qual liderava a prova, para permitir que Fernando Alonso, seu companheiro de equipe, o ultrapassasse com facilidade rumo à bandeirada final. Ali, ao vivo, diante de todos, feriu de morte o orgulho nacional. Chegou em segundo, escoltando o concorrente. Havia cumprido uma ordem do chefe. Pior, ouvida alto e bom som durante a transmissão. Sua máscara caiu ali, naquela reta.

[...] "Em vez de patrocinar uma mudança de mentalidade nos brasileiros, de abolir o jeitinho, o esporte exaltou o lado sujo, sombrio, por causa desse episódio do Felipe Massa", diz o sociólogo Maurício Murad, da Universidade Estadual do Rio de Janeiro. "Foi um tiro no pé."

(*Isto É* – Agosto/2010)

O termo destacado expressa uma ideia de concessão em:

a) "... perdeu o título na última curva de Interlagos, **apesar de** vencer a prova para delírio dos fãs na arquibancada."

b) "A derrota, **porém**, nunca lhe caiu bem."

c) "... e **por isso** alimentava o espírito patriota plantado no coração do povo com competência por Ayrton Senna."

d) "... **para** permitir que Fernando Alonso, seu companheiro de equipe, o ultrapassasse com facilidade rumo à bandeirada final."

e) "**Mas**, no domingo 25, calou a alma dos milhares de brasileiros que acordaram cedo."

Resposta: "A"

Comentário

A locução "**apesar de**" apresenta ideia concessiva. Os demais apresentam os seguintes valores:

276 LÍNGUA PORTUGUESA

porém – adversidade
por isso – conclusão
para – finalidade
mas - adversidade

25. (CRC-MA – Contador – 2010)

Falar e escrever bem: rumo à vitória.

Expressar-se com clareza e elegância é essencial para avançar na vida. A boa notícia é que há mais ferramentas para o aprendizado.

(*Veja*. São Paulo: Ed. Abril, nº 635, junho 2010. 135 p)

A relação entre as palavras e sua função sintática, no texto, está corretamente estabelecida em:

a) Mais – complemento verbal
b) Vitória – predicativo
c) Escrever – verbo transitivo
d) Há – verbo intransitivo
e) Bem - complemento circunstancial

Resposta: "E"

Comentário

O vocábulo "bem" exerce, no contexto empregado, a função de adjunto adverbial (complemento circunstancial) de modo.

26. (CRC-MA – Contador – 2010)

O despertar de um novo Brasil

Com 7 anos para organizar a Copa do Mundo e as Olimpíadas, o país tem diante de si um desafio que pode revelar-se está à altura de seu papel global.

(FONTENELL, A. **O despertar de um novo Brasil.**
Época. São Paulo: nº 594, out 2009. 146 p)

Considere as seguintes assertivas:

I – "O despertar de um novo Brasil" é uma frase nominal.

II – Em "O despertar de um novo Brasil", **O** e **novo** têm a mesma função sintática.

III – **O despertar** é sujeito da oração "O despertar de um novo Brasil."

É correto o que se afirma em

a) I, II e III.
b) I e II, apenas.
c) II, apenas.
d) II e III, apenas.
e) III, apenas.

Resposta: "B"

Comentário

Item I – Frase nominal é aquela que não possui verbo. Em "O despertar de um novo Brasil.", **ao se antepor** o artigo à forma verbal "despertar", esta deixou de pertencer aos verbos e passou à classe dos substantivos. Houve o processo de derivação imprópria, que consiste na mudança da classe gramatical habitual da palavra, sem alterar-lhe a forma. Portanto, o item está correto.

Item II – Em "O despertar de um novo Brasil.", "o" e "novo" desempenham a função de adjunto adnominal. Logo, o item está correto.

Item III – Como a frase "O despertar de um novo Brasil." é nominal, não há sujeito. Item errado.

27. (CRC-SC – Contador – 2010) **Quanto à análise sintática da frase:**

"O grande desafio da sociedade atual é dar um basta à valorização exagerada do consumo, que além de esgotar os recursos naturais, acarreta mais problemas."

Pode-se afirmar **corretamente** que:

278 LÍNGUA PORTUGUESA

a) a expressão "o grande desafio da sociedade atual" é o sujeito composto do verbo "ser".

b) "um basta à valorização exagerada do consumo" é o objeto indireto do verbo "dar".

c) na expressão "o grande desafio da sociedade atual" as palavras sublinhadas são complementos nominais.

d) o antecedente do pronome relativo "que" é "a valorização exagerada do consumo".

e) o período apresentado é composto por coordenação.

Resposta: "D"

Comentário

O pronome relativo refere-se sempre ao antecedente, a fim de evitar sua repetição. Na frase em comento, o antecedente é a expressão "valorização exagerada do consumo".

28. (CRC-SC – Contador – 2010) Considere o enunciado:

"O consumo consciente é fundamental para que as pessoas entendam que a presença dos seres humanos no planeta não é neutra, e que os recursos naturais são finitos."

Com base no enunciado acima, assinale a alternativa **correta**.

a) "fundamental" é o objeto direto de "é".

b) "no planeta" é um adjunto adverbial de modo.

c) "O consumo consciente" é o sujeito simples do verbo de ligação "é".

d) Em "a presença dos seres humanos" a expressão sublinhada é um adjunto adnominal.

e) "neutra" e "finitos" são complementos nominais de "presença" e "recursos naturais" respectivamente.

Resposta: "C"

Comentário

Verbo de ligação une o sujeito a uma qualidade, a um predicativo, sem expressar ação. Na assertiva em comento, a forma verbal

Capítulo 8 – Exercícios **279**

"é" liga o sujeito "O consumo consciente" ao predicativo do sujeito "fundamental".

29. (CFC - Contador – 1º/2001) A oração abaixo grifada é:

Parece **que a solidão expande seus limites**.

a) Apositiva.
b) Objetiva direta.
c) Predicativa.
d) Subjetiva.

Resposta: "D"

Comentário

A oração subordinada substantiva subjetiva exerce a função de sujeito da oração principal. Para facilitar a análise das orações **subordinadas substantivas**, geralmente faz-se a substituição da conjunção integrante pela palavra **ISSO**:

Parece **que a solidão expande seus limites**.
Parece <u>isso</u>.
     sujeito
Parece <u>que a solidão expande seus limites</u>.
       or. subord. substantiva subjetiva

30. (CRC/SC - Assistente Jurídico – 2010)

Responsabilidade de todos

O custo de produção dos alimentos é alto, não apenas pelo uso de máquinas, combustíveis, energia elétrica, fertilizantes e outros materiais, mas também pelo uso de recursos naturais, como o solo, a água e a biodiversidade. A produção de alimentos tem impacto ambiental e, por isso, quanto menos alimentos forem desperdiçados, menor será a produção e, portanto, menor será a pressão sobre os recursos naturais.

O consumo consciente é fundamental para que as pessoas entendam que a presença dos seres humanos no planeta não é neutra, e que

280 LÍNGUA PORTUGUESA

os recursos naturais são finitos. Ao consumir conscientemente colocamos em prática o próprio conceito de sustentabilidade, pelo qual devemos entender que não podemos satisfazer as necessidades das gerações atuais, sacrificando a possibilidade de gerações futuras.

(Texto adaptado de: *SAÚDE*.
Unimed Grande Florianópolis: p. 7, n. 13, set. 2008.)

"Ao consumir conscientemente colocamos em prática o próprio conceito de sustentabilidade (...)."

A oração sublinhada é:

a) subordinada adjetiva restritiva.
b) subordinada reduzida de gerúndio.
c) subordinada reduzida de particípio.
d) subordinada reduzida de infinitivo.
e) coordenada sindética explicativa.

Resposta: "D"

Comentário

A oração reduzida de infinitivo "Ao consumir conscientemente" equivale à oração subordinada adverbial temporal "Quando consumimos inconscientemente". As únicas diferenças entre elas residem no fato de aquela – oração reduzida – não apresentar conjunção subordinativa e apresentar verbo no infinitivo: "consumir".

31. (CRC-MA – Assistente Administrativo – 2010) Na sentença "Marcaram a administração do Presidente os interesses dos mais poderosos na economia do país.", a concordância está correta, segundo a norma padrão da língua, porque:

a) a oração possui sujeito indeterminado.
b) o verbo concorda com o núcleo do sujeito, que se encontra no plural.
c) o sujeito pratica uma ação reflexiva.
d) a sentença é uma oração sem sujeito.

Capítulo 8 – Exercícios **281**

e) o verbo concorda com "poderosos", sujeito da oração, portanto, o verbo dever ir para o plural.

Resposta: "B"

Comentário

No período em análise, o sujeito "os interesses dos mais poderosos" encontra-se posposto ao verbo, tendo como núcleo a palavra "interesses". Sendo assim, o verbo deve com ele concordar em número e pessoa: "os interesses (...) marcam".

32. (CFC/Contador – 2º/2000) A concordância verbal está CORRETA na frase:

a) Devem haver aqui pessoas cultas.
b) Eles parece estarem doentes.
c) Ela o esperava já faziam duas semanas.
d) Na sua bolsa haviam moedas de ouro.

Resposta: "B"

Comentário

O verbo **parecer** pode relacionar-se a outras formas verbais, constituindo uma locução verbal. Nesta hipótese, concordará em número e pessoa com o sujeito, caso seja necessário: Eles parecem estar doentes. Porém, pode formar, sozinho, a oração principal de um período. Neste caso, deverá apresentar-se na terceira pessoa do singular para concordar com o sujeito oracional: Eles parece estarem doentes (= ISSO parece).

33. (CFC/Técnico – 2º/2000) Marque a frase CORRETA:

a) Já vai fazer cinco anos que estou em Brasília.
b) Falta apenas dois meses do término do ano letivo.
c) Não faltou repórteres para entrevistar os recém-casados.
d) Não podiam haver mais desculpas.

Resposta: "A"

282 LÍNGUA PORTUGUESA

Comentário

Indicando tempo pretérito ou meteorológico, o verbo **fazer** é impessoal, devendo ficar na terceira pessoa do singular. Quando for o verbo principal de uma locução verbal, transmitirá sua impessoalidade ao verbo auxiliar: "Já vai fazer cinco anos (...)".

34. (CFC/Contador – 2º /2001) O item em que é CORRETO o emprego do verbo haver é:

a) Hão de existir soluções melhores para o impasse jurídico.
b) Os estudantes teriam sido atendidos, se houvesse logo feito o pedido.
c) Se tivessem havido outras medidas de economia, o produto não estaria em falta.
d) É preciso trabalhar muito, a fim de não haverem equívocos na produção.

Resposta: "A"

Comentário

Em "Hão de existir soluções melhores para o impasse jurídico.", o verbo principal é **existir** (verbo pessoal), que transmite sua pessoalidade ao verbo auxiliar, o qual, por sua vez, deverá concordar com o sujeito "soluções melhores".

35. (CFC/Técnico – 1º/2002) O item em que é INCORRETO o emprego do verbo haver:

a) Mas até entre os miseráveis houve algum ganho. No caso da classe média, ao contrário, houve perdas.
b) Muitas empresas, com a concorrência estrangeira, havia quebrado, outras tantas foram compradas por empresas multinacionais.
c) Há de haver mudanças econômicas que atinjam todos os brasileiros, do mais modesto ao mais rico.
d) A nova realidade nos havia sido ensinada "na marra".

Capítulo 8 – Exercícios **283**

Resposta: "B"

Comentário

Na locução de tempo composto "havia quebrado", o verbo **haver** é auxiliar. Logo, deve concordar com o sujeito "muitas empresas": "Muitas empresas (...) haviam quebrado (...)".

36. **(CFC/Contador – 2º/2000) A regência verbal está INCORRETA em:**

a) Esqueceu-se do endereço.
b) O filme a que assistimos foi ótimo.
c) Não me simpatizei com ele.
d) Nunca esquecemos certos fatos.

Resposta: "C"

Comentário

O verbo **simpatizar** é transitivo indireto, regendo preposição "**com**". Porém, é incorreta a construção na forma pronominal "Não me simpatizei com(...)". O correto é "Não simpatizei com (...)".

37. **(CFC/Contador – 2º/2000) Complete a frase com uma das alternativas:**

Perdi meu pai e senhor _____ muito amava. Como _____ queria bem.

a) a quem - o
b) que – o
c) quem – lhe
d) a quem – lhe

Resposta: "D"

Comentário

O verbo "amar" é transitivo direto. Entretanto, o pronome relativo "quem" (relativo somente a pessoas) deve, em geral, ser empregado

284 LÍNGUA PORTUGUESA

com a preposição "a", o que caracteriza um objeto direto preposicionado. Com relação ao verbo querer, quando empregado no sentido de **estimar, gostar, prezar**, será transitivo indireto, regendo preposição "a". Em relação a pessoas, a forma pronominal tônica **a ele** pode ser substituída pelo pronome átono **lhe**.

38. (CFC/Técnico – 2°/2000) Complete as frases com uma das alternativas:

O cargo _____ aspirava estava vago. Pediu, então, ao chefe que _____ ajudasse a obtê-lo.

a) que - lhe.
b) que - o.
c) o qual - lhe.
d) a que - o.

Resposta: "D"

Comentário

O verbo **aspirar**, significando **desejar, almejar, querer**, é transitivo indireto, regendo a preposição "a": "O cargo a que aspirava (...)". Por sua vez, o verbo **ajudar**, no contexto, é transitivo direto (empregado na acepção de **pedir ajuda**).

39. (CFC/Técnico – 2° /2001) Há ERRO de regência verbal, com emprego INCORRETO de preposição, em:

a) O relatório informava aos diretores de que havia irregularidades na empresa.
b) As normas de produção visam a melhorar a qualidade do produto.
c) Os dirigentes confrontaram com posições antagônicas e irreversíveis.
d) Nunca se sabe de quanto dinheiro se vai precisar para concluir a transação.

Resposta: "A"

Capítulo 8 – Exercícios **285**

Comentário

O verbo **informar** é transitivo direto e indireto, podendo reger, em seu complemento indireto, a preposição "**a**" ou "**de**" ("Informava aos diretores que havia irregularidades (...)" ou "Informava os diretores de que havia irregularidades (...)"). Na assertiva A, ocorreu um erro de regência, pois não foi apresentado o complemento direto (objeto direto).

40. (CRC/MA – Assistente Administrativo – 2010) **Considere o trecho abaixo:**

"Na 49ª volta, ele desacelerou em uma reta a Ferrari **com a qual** liderava a prova, para permitir que Fernando Alonso (...) o ultrapassasse." Segundo a norma padrão da língua escrita, o uso do termo destacado também está **correto** em:

a) Não pude pensar sobre a importante informação **com a qual** conversamos.

b) A aluna **com a qual** eu me referi, não passou no exame psicológico.

c) Demitiu-se porque não aguentou o mau humor da supervisora **com a qual** trabalhava.

d) Eis a receita **com a qual** precisamos para aquele jantar.

e) O bandido era o homem **com o qual** ela amava.

Resposta: "C"

Comentário

Segundo o dicionário eletrônico Houaiss da língua portuguesa, o verbo **trabalhar**, quando empregado na acepção de **fazer negócio, comerciar**, é transitivo indireto, regendo a preposição **com**.

41. (CFC/Técnico – 2º/2000) **Assinale a frase em que NÃO deve haver o sinal de crase:**

a) As parasitas vivem a custa da árvore a que se apegam.

b) A estas horas e a pé não encontrará remédio nenhum.

c) Ando a procura de quem foi a escola buscar o diploma.

286 LÍNGUA PORTUGUESA

d) O jogo de futebol começara as quatro.

Resposta: "B"

Comentário

Não se emprega o acento grave indicativo de crase antes de **palavras masculinas** e antes dos **pronomes demonstrativos** "este" (e flexões), "esse" (e flexões), "isto", "isso", pois não admitem o artigo definido feminino.

42. (CFC/Contador – 2º /2001) **A alternativa em que todas as ocorrências de "a", "à" ou "há" estão corretas, é:**

a) Ele voltou a casa e ficou à espera da informação que esperava receber há algum tempo, a partir do último contato com a empresa a seu serviço.

b) Daqui há alguns dias, conheceremos o resultado da licitação a qual concorremos a duas semanas.

c) Comunicou a principal cliente que teria de deixá-la, a revelia de sua vontade, por motivos que ultrapassavam à limitação da competência a pouco adquirida.

d) Dali à seu escritório de contabilidade, os poucos quilômetros a margem da principal avenida consumiriam apenas alguns minutos à pé.

Resposta: "A"

Comentário

Segundo as lições de crase, não se emprega o acento grave indicativo de crase antes da palavra "**casa**" quando esta **não** estiver determinada. Em relação à **locução adverbial feminina** "**à espera de**", a regra obriga o emprego do acento grave. No que tange ao verbo **haver**, a forma verbal **há** deve ser empregada em expressões que indicam **tempo decorrido, pretérito**. Por fim, não se emprega o acento grave antes de **verbos** (a partir), pois não admitem a anteposição do artigo definido feminino.

Capítulo 8 – Exercícios **287**

43. (CFC/Técnico – 1º/2002) Identifique o item INCORRE-TO quanto ao emprego do acento grave indicativo de crase, nos textos adaptados da Revista VEJA:

a) A Associação encomendou uma pesquisa qualitativa para sondar as preocupações da sociedade em relação à década futura.
b) As perguntas foram feitas às pessoas cuja renda se situa na faixa de 1800 a 7200 reais.
c) No fim do ano passado, realizou-se uma pesquisa nacional quantitativa à pedido de outra entidade.
d) Perguntados sobre quais prioridades dos candidatos à presidência atrairiam seu voto, os entrevistados apontaram "melhorar a saúde e a educação".

Resposta: "C"

Comentário

Não se emprega o acento grave indicativo de crase antes de **palavras masculinas**: "(...) a pedido de outra entidade".

44. (CRC/MA – Contador – 2010) A regra que justifica o emprego do acento grave em "rumo à vitória" pode ser observada também na opção:

a) Horror à solidão.
b) Sair à francesa.
c) Serviço à americana.
d) Saída à esquerda.
e) Desfile à paisana.

Resposta: "A"

Comentário

Em "rumo à vitória", temos um caso de regência nominal. O substantivo "rumo" rege a preposição "a", que se funde com o artigo definido feminino "a", relativo ao substantivo "vitória". Nessa mesma circunstância, encontra-se a expressão "horror à solidão".

288 LÍNGUA PORTUGUESA

45. (CFC/Contador – 2° /2001) O emprego da vírgula está IN-CORRETO no item:

a) A renovação de um terço dos membros do Conselho Federal a que alude o parágrafo único do art. 5°, far-se-á no primeiro Conselho mediante sorteio, para os dois triênios subsequentes.

b) As multas serão aplicadas no grau máximo, quando os infratores já tiverem sido condenados por sentença passada em julgado, em virtude de violação de dispositivos legais.

c) Os autos de infração, depois de julgados definitivamente contra o infrator, constituem títulos de dívida líquida e certa para efeito da cobrança a que se refere o parágrafo anterior.

d) Não se efetuando amigavelmente o pagamento das multas, serão estas cobradas pelo executivo fiscal, na forma da legislação vigente.

Resposta: "A"

Comentário

Em "A renovação de um terço dos membros do Conselho Federal a que alude o parágrafo único do art. 5°, far-se-á (...)", a vírgula está empregada incorretamente por separar o sujeito "A renovação de um terço dos membros do Conselho Federal" do verbo "fazer". Não deve, portanto, ser empregada. Outra hipótese seria isolar – entre vírgulas – a oração adjetiva "(...) , a que alude o parágrafo único do art. 5° , (...)".

46. (CFC/Contador – 2° /2001) Leia o texto abaixo, de Carlos Drummond de Andrade.

"Sr. Prefeito:

Como dizia a V. Exa., paguei a multa; e paguei-a com tanto maior satisfação quanto a Prefeitura, que a impôs, propôs simultaneamente um negócio: se eu pagasse, não ao fim de 8 anos de ação judicial, mas em 8 dias, levava o desconto de 30%.

Ora, quem, nos dias que correm, despreza um abatimento desse vulto?"

Capítulo 8 – Exercícios **289**

Identifique o enunciado **CORRETO**:

a) No lugar do sinal de dois pontos empregado no vocativo, é correto empregar vírgula.
b) O emprego de ponto e vírgula depois de "multa" é obrigatório, por causa da mudança de sujeito da oração seguinte.
c) O sinal de dois pontos empregado depois de "negócio" introduz enumeração.
d) No lugar do ponto de interrogação, no texto, cabe igualmente empregar ponto de exclamação.

Resposta: "A"

Comentário

Após vocativo, o emprego da vírgula também está de acordo com o padrão gramatical.

47. (CFC/Técnico – 1º/2000) **Passe para o discurso indireto a seguinte frase "Ela pediu: entre nesta casa":**

a) Ela pediu-me que entre à casa.
b) Ela me pediu para que entre para à casa.
c) Ela me pediu que entrasse naquela casa.
d) Ela pediu-me que entre para casa.

Resposta: "C"

Comentário

Entre outras características, o **discurso direto** é marcado pelo emprego de verbos no **imperativo** (**entre**) e de **pronomes demonstrativos de 1ª ou 2ª pessoas** – **este(s), esta(s), isto, esse(s), essa(s), isso**. Por sua vez, o **discurso indireto** é marcado pelo emprego de verbos no **subjuntivo** (**entrasse**) e de **pronomes demonstrativos de 3ª pessoa** (**aquele, aquela, aquilo**). Dessa forma, a transposição correta é "Ela me pediu que entrasse naquela casa".

290 LÍNGUA PORTUGUESA

48. (CFC/Contador – 2º/2003)

Declare sua renda

Sr. Diretor do Imposto de Renda:

O senhor me perdoe se venho molestá-lo. Não é consulta: é caso de consciência. Considerando o formulário para declaração de imposto de renda algo assimilável aos textos em caracteres cuneiformes, sempre me abstive religiosamente de preenchê-lo. Apenas dato e assino, entregando-o, imaculado como uma virgem, a um funcionário benévolo, a quem solicito: "Bote aí o que quiser". Ele me encara, vê que não sou nenhum tubarão, rabisca uns números razoáveis, faz umas contas, conclui: "É tanto". Pago, e vivemos *in love*, o Fisco e eu. Mas este ano ocorreu-me uma dúvida, a primeira até hoje, em matéria de renda e de imposto devido. O bom funcionário não soube resolvê-la, ninguém na repartição o soube.

Minha dúvida, meu problema, Sr. Diretor, consiste na desconfiança de que sou, tenho sido a vida inteira um sonegador do Imposto de Renda. Involuntário, inconsciente, mas de qualquer forma sonegador. Posso alegar em minha defesa muita coisa: a legislação, embora profusa e até florestal, é omissa ou não explícita; os itens das diferentes cédulas não prevêem o caso; o órgão fiscalizador jamais cogitou disso; todo mundo está nas mesmas condições que eu, e ninguém se acusa ou reclama contra si mesmo. Contudo, não me conformo, e venho expor-lhe lealmente as minhas rendas ocultas.

A lei manda cobrar imposto a quem tenha renda líquida superior a determinada importância; parece claro que só tributam rendimentos em dinheiro. A seguir, entretanto, a mesma lei declara: "São também contribuintes as pessoas físicas que perceberem rendimentos de bens de que tenham a posse, como se lhes pertencessem." E aqui me vejo enquadrado e faltoso. Tenho a posse de inúmeros bens que não me pertencem e que desfruto copiosamente. Eles me rendem o máximo, e nunca fiz constar de minha declaração tais rendimentos.

Esses bens são: o Sol, para começar do alto (só a temporada de praia, neste verão que acabou, foi uma renda fabulosa); a Lua, que, vista do terraço ou da calçada da Avenida Atlântica, diante do mar, me rendeu milhões de cruzeiros-sonho: as árvores do Passeio Público e do Campo de Santana, que alguém se esqueceu de cortar; a montanha, as crianças brincando no *play-ground* ou a caminho da escola; em particular, três meninos que vêm e vão pelo ar, tão moleques e tão rendosos para este coração; as mangas, os chocolates comidos contra prescrição médica, um ou outro uísque sorvido com amigos, com calma calmíssima; os ventos de três poetas, um francês, um português e um brasileiro; certos prazeres como andar por andar, ver figura em edições de arte, conversar sem sentido e sem cálculo, um filmezinho como Le *petit poison rouge*, em que o gato salva o peixe para ser gentil com o canário, indicando um caminho aos senhores da guerra fria; e isso e aquilo e tudo mais de alta rentabilidade... não em espécie.

Estes os meus verdadeiros rendimentos, senhor; salários e dividendos não computados na declaração. Agora estou confortado porque confessei; invente depressa uma rubrica para incluir esses lucros e taxe-me sem piedade. Multe, se for o caso; pagarei feliz. Atenciosas saudações.

Assinale o item que contém a associação semântica INCORRETA:

a) "textos em caracteres cuneiformes" (1º parágrafo) / escritos hieroglíficos.

b) "não sou nenhum tubarão" (1º parágrafo) / não sou nenhum inescrupuloso.

c) "legislação (...) florestal" (2º parágrafo) / leis complexas ou confusas.

d) "senhores da guerra fria" (4º parágrafo) / líderes de conflitos desarmados.

Resposta: "A"

Comentário

A associação semântica entre "textos em caracteres cuneiformes" e "escritos hieroglíficos" é incorreta. Segundo o dicionário eletrônico Houaiss, "cuneiforme" apresenta formato de peça ("cunha") e "hieróglifo" é a unidade ideográfica fundamental do sistema de escrita do antigo Egito.

292 LÍNGUA PORTUGUESA

49. (CRC/MA – Assistente Administrativo – 2010)

Tudo por dinheiro

Paulista de 29 anos, o piloto de Fórmula 1 Felipe Massa possui em seu currículo 11 vitórias, 30 pódios e um vice-campeonato, em 2008. Naquele ano, guiando uma possante Ferrari, perdeu o título na última curva de Interlagos, apesar de vencer a prova para delírio dos fãs na arquibancada. Perdeu disputando, fazendo bonito, como se diz no automobilismo.

A derrota, porém, nunca lhe caiu bem. Demonstrava a garra de campeão, e por isso alimentava o espírito patriota plantado no coração do povo com competência por Ayrton Senna. Massa parecia trilhar o caminho vitorioso de campeões como Senna, Nelson Piquet e Emerson Fittipaldi. Mas, no domingo 25, calou a alma dos milhares de brasileiros que acordaram cedo para ver o Grande Prêmio de Hockenheim, na Alemanha. Na 49ª volta, ele desacelerou em uma reta a Ferrari com a qual liderava a prova, para permitir que Fernando Alonso, seu companheiro de equipe, o ultrapassasse com facilidade rumo à bandeirada final. Ali, ao vivo, diante de todos, feriu de morte o orgulho nacional. Chegou em segundo, escoltando o concorrente. Havia cumprido uma ordem do chefe. Pior, ouvida alto e bom som durante a transmissão. Sua máscara caiu ali, naquela reta.

[...] "Em vez de patrocinar uma mudança de mentalidade nos brasileiros, de abolir o jeitinho, o esporte exaltou o lado sujo, sombrio, por causa desse episódio do Felipe Massa", diz o sociólogo Maurício Murad, da Universidade Estadual do Rio de Janeiro. "Foi um tiro no pé."

(Isto É – Agosto/2010)

A linguagem conotativa pode ser encontrada em:

a) "A derrota, porém, nunca lhe caiu bem."
b) "... perdeu o título na última curva."
c) "Felipe Massa possui em seu currículo 11 vitórias..."
d) "Na 49ª volta, ele desacelerou em uma reta a Ferrari."
e) "Havia cumprido uma ordem do chefe."

Resposta: "A"

Comentário

Segundo o dicionário eletrônico Houaiss, o verbo "cair", no sentido denotativo, significa "ir de cima para baixo, ir ao chão; tombar". Contudo, na frase "A derrota, porém, nunca lhe caiu bem.", a forma verbal foi emprega no sentido conotativo, significando "perder o valor ou prestígio".

50. (CRC/SC – Contador – 2010) Assinale a alternativa na qual há palavra empregada em sentido figurado:

a) O consumo esgota os recursos naturais.

b) 40% de tudo o que compramos vira lixo.

c) O desafio da sociedade é dar um chute na valorização exagerada do consumo.

d) A grande quantidade de lixo produzido é um problema da sociedade atual.

e) A campanha dos 4Rs é um importante instrumento de luta.

Resposta: "C"

Comentário

No sentido denotativo, o substantivo "chute" é definido como "impulso enérgico dado com o pé para movimentar a bola; golpe com a ponta ou com o peito do pé; pontapé". Porém, na frase "A grande quantidade de lixo produzido é um problema da sociedade atual.", foi empregado no sentido figurado, conotativo, significado "ver-se livre de (algo ou alguém); livrar-se".

51. (CFC/Contador – 1°/2002 - Adaptada) Leia o texto abaixo, extraído da Revista VEJA, de 20/2/2002, e responda à questão.

"Alguns métodos para estratificar a sociedade são desenvolvidos por especialistas, mas há três principais. Um deles, o mais tradicional, classifica as pessoas segundo o nível educacional e a profissão do chefe de família. Por esse critério, a classe média é formada basicamente

294 LÍNGUA PORTUGUESA

por universitários e pessoas que não exercem trabalhos manuais. São advogados, médicos, funcionários públicos e comerciários. Alguns de seus integrantes podem até ganhar menos que um operário de fábrica, mas renda não importa nesse caso."

Com base no texto acima, julgue o item a seguir.

Pode-se dizer que é correto substituir "estratificar" pela variante gráfica "extratificar".

Comentário

Não se devem confundir os parônimos "estratificar", que significa "dispor em camadas ou estratos", e "extratificar", que nos remete "àquilo que foi retirado, extraído de algum lugar". Logo, o item está errado.

52. (CFC/Técnico – 2º/2000) Marque o ANTÔNIMO de epílogo:

a) Desfecho.
b) Faixa.
c) Prólogo.
d) Remate.

Resposta: "C"

Comentário

Segundo o dicionário eletrônico Houaiss da língua portuguesa, o vocábulo "epílogo" significa "remate de uma peça literária em que se faz uma recapitulação e o resumo da ação; desfecho". Por isso, seu antônimo é a palavra "prólogo", que significa "cena ou monólogo iniciais, em que, geralmente, são dados elementos precedentes ou elucidativos da trama que vai se desenrolar".

53. (CFC/Contador – 2º/2000) Marque o ANTÔNIMO de abonar:

a) Desorientar.
b) Desacreditar.
c) Afiançar.

Capítulo 8 – Exercícios **295**

d) Repartir.

Resposta: "B"

Comentário

Segundo o dicionário eletrônico Houaiss da língua portuguesa, "abonar" significa "declarar-se confiável, merecedor de crédito; garantir, afiançar". Portanto, a palavra "desacreditar" é seu antônimo, já que significa "perder o bom nome, o crédito; desabonar".

54. (CFC/Técnico – 1º/2001) Marque o ANTÔNIMO de magnanimidade:

a) Generosidade.
b) Liberalidade.
c) Longanimidade.
d) Mesquinhez.

Resposta: "D"

Comentário

O vocábulo "magnanimidade" traduz a "qualidade do que é magnânimo; generosidade". Sendo assim, seu par antonímico é o vocábulo "mesquinhez", por ser o "caráter do que apresenta falta de magnanimidade".

55. (CRC/SC - Contador – 2010) "O grande desafio da sociedade atual é dar um basta à valorização exagerada do consumo, que além de esgotar os recursos naturais, acarreta mais problemas, como a grande quantidade de lixo produzido." A palavra sublinhada pode ser substituída sem alteração de sentido por:

a) causa
b) conduz
c) carrega
d) carranca

296   LÍNGUA PORTUGUESA

e) transporta

Resposta: "A"

Comentário

No contexto em que está empregado, o vocábulo "acarretar" está empregado na acepção de "ter como consequência, ocasionar". Dentre as assertivas apresentadas, a palavra "causa" é a única que não altera o sentido original do enunciado, pois significa "o que faz com que algo exista; origem, motivo, razão".

56. **(CRC/SC – Assistente Jurídico – 2010) Considere o enunciado:**

"O custo de produção dos alimentos é alto, não apenas pelo uso de máquinas, combustíveis, energia elétrica, fertilizantes e outros materiais, mas também pelo uso de recursos naturais, como o solo, a água e a biodiversidade."

Com base no enunciado acima, pode-se afirmar que:

I – As expressões sublinhadas podem ser substituídas por "não só" e "como também", respectivamente, sem que o

sentido se altere;

II – A palavra "custo" é o antônimo da palavra "custódia";

III – A palavra biodiversidade significa "estudo dos seres vivos e das leis da vida";

IV – Os termos "máquinas", "combustíveis", "energia elétrica" e "fertilizantes" estão aplicados em sentido denotativo, que é o sentido literal da palavra.

Assinale a alternativa que indica todas as afirmativas corretas.

a) São corretas apenas as afirmativas 1 e 4.

b) São corretas apenas as afirmativas 2 e 4.

c) São corretas apenas as afirmativas 3 e 4.

d) São corretas apenas as afirmativas 1, 2 e 3.

e) São corretas apenas as afirmativas 1, 2 e 4.

Resposta: "A"

Capítulo 8 – Exercícios **297**

Comentário

Item I – correto. A correção "não só ... mas também" apresenta valor de adição e pode, sem alteração de sentido, ser substituída pela correlação equivalente "não apenas ... como também".

Item II – errado. As palavras "custo" e "custódia" não são antônimas. "Custo" significa "esforço; valor de mercado", ao passo que "custódia" é o "ato ou efeito de proteger; proteção, guarda".

Item III – errado. Por biodiversidade compreende-se o "conjunto de todas as espécies de seres vivos existentes na biosfera; diversidade". A associação correta para a definição "estudos dos seres vivos e das leis da vida" deve ser feita com o vocábulo "biologia".

Item IV – correto. Os vocábulos e expressões "máquinas", "combustíveis", "energia elétrica" e "fertilizantes" estão empregados no sentido denotativo, isto é, dicionarizado.

57. (CFC/Contador – 1º/2002) Leia o texto abaixo, extraído da Revista VEJA, de 20/2/2002, e responda à questão.

"Por causa da necessidade de pagar por serviços que não integravam o orçamento doméstico do passado, o custo de vida subiu. Uma equipe do Instituto de Pesquisa Econômica Aplicada comandada pelo economista Fernando Gaiger concluiu que as famílias de classe média passaram a gastar cada vez menos com a compra de itens como comida e roupa. O dinheiro foi canalizado para o consumo de serviços, entre os quais saúde e educação. Entre 1988 e 1996, a participação na cesta de consumo de alimentos chegou a cair 19% e na de roupas, 50%. Em contrapartida, a habitação subiu até 35% e a educação e a saúde chegaram a mais de 40%. Utilizando dados do Instituto Brasileiro de Geografia e Estatística, o economista Ricardo Carneiro, da Universidade de Campinas, constatou que os gastos com saúde da classe média consumiam 6% do orçamento doméstico no início da década de 90. Agora engolem quase 10% do total."

De acordo com o texto acima, é INCORRETO afirmar que:

a) O pagamento de novos serviços elevou o custo de vida doméstico atual.

298 LÍNGUA PORTUGUESA

b) Existem várias equipes de trabalho no Instituto de Pesquisa Econômica Aplicada.
c) Saúde e educação eram os setores de consumo que canalizavam o dinheiro.
d) Gastos com saúde subiram quase 4% do orçamento doméstico da classe média em aproximadamente dez anos.

Resposta: "C"

Comentário

De acordo com o texto, o dinheiro foi canalizado não para os setores de consumo, mas sim para o consumo de serviços. Além disso, saúde e educação eram alguns dos serviços, e não os únicos (há, também, o consumo de serviços de alimento, de roupas e de habitação).

58. (CFC/Contador – 2º/2003)

Declare sua renda

Sr. Diretor do Imposto de Renda:

O senhor me perdoe se venho molestá-lo. Não é consulta: é caso de consciência. Considerando o formulário para declaração de imposto de renda algo assimilável aos textos em caracteres cuneiformes, sempre me abstive religiosamente de preenchê-lo. Apenas dato e assino, entregando-o, imaculado como uma virgem, a um funcionário benévolo, a quem solicito: "Bote aí o que quiser". Ele me encara, vê que não sou nenhum tubarão, rabisca uns números razoáveis, faz umas contas, conclui: "É tanto". Pago, e vivemos *in love*, o Fisco e eu. Mas este ano ocorreu-me uma dúvida, a primeira até hoje, em matéria de renda e de imposto devido. O bom funcionário não soube resolvê-la, ninguém na repartição o soube.

Minha dúvida, meu problema, Sr. Diretor, consiste na desconfiança de que sou, tenho sido a vida inteira um sonegador do Imposto de Renda. Involuntário, inconsciente, mas de qualquer forma sonegador. Posso alegar em minha defesa muita coisa: a legislação, embora profusa e até florestal, é omissa ou não explícita; os itens das diferentes cédulas não prevêem o caso; o órgão fiscalizador jamais cogitou disso;

Capítulo 8 – Exercícios **299**

todo mundo está nas mesmas condições que eu, e ninguém se acusa ou reclama contra si mesmo. Contudo, não me conformo, e venho expor-lhe lealmente as minhas rendas ocultas.

A lei manda cobrar imposto a quem tenha renda líquida superior a determinada importância; parece claro que só tributam rendimentos em dinheiro. A seguir, entretanto, a mesma lei declara: "São também contribuintes as pessoas físicas que perceberem rendimentos de bens de que tenham a posse, como se lhes pertencessem." E aqui me vejo enquadrado e faltoso. Tenho a posse de inúmeros bens que não me pertencem e que desfruto copiosamente. Eles me rendem o máximo, e nunca fiz constar de minha declaração tais rendimentos.

Esses bens são: o Sol, para começar do alto (só a temporada de praia, neste verão que acabou, foi uma renda fabulosa); a Lua, que, vista do terraço ou da calçada da Avenida Atlântica, diante do mar, me rendeu milhões de cruzeiros-sonho: as árvores do Passeio Público e do Campo de Santana, que alguém se esqueceu de cortar; a montanha, as crianças brincando no *play-ground* ou a caminho da escola; em particular, três meninos que vêm e vão pelo ar, tão moleques e tão rendosos para este coração; as mangas, os chocolates comidos contra prescrição médica, um ou outro uísque sorvido com amigos, com calma calmíssima; os ventos de três poetas, um francês, um português e um brasileiro; certos prazeres como andar por andar, ver figura em edições de arte, conversar sem sentido e sem cálculo, um filmezinho como *Le petit poison rouge*, em que o gato salva o peixe para ser gentil com o canário, indicando um caminho aos senhores da guerra fria; e isso e aquilo e tudo mais de alta rentabilidade... não em espécie.

Estes os meus verdadeiros rendimentos, senhor; salários e dividendos não computados na declaração. Agora estou confortado porque confessei; invente depressa uma rubrica para incluir esses lucros e taxe-me sem piedade. Multe, se for o caso; pagarei feliz. Atenciosas saudações.

> (Carlos Drummond de Andrade.
> *Cadeira de Balanço. A vida de qualquer um.*)

De acordo com o texto, é CORRETO afirmar que:

a) Houve desonestidade na declaração de imposto de renda.

300 LÍNGUA PORTUGUESA

b) A sonegação de impostos refere-se a bens e rendimentos não computados na declaração.

c) Os bens mencionados são de natureza afetiva, logo subjetiva.

d) Há necessidade de criar uma rubrica específica e a taxa correspondente ao lucro obtido.

Resposta: "C"

Comentário

Os bens citados pelo autor (o Sol, a Lua, as árvores do Passeio Público e do Campo de Santana, a montanha, as crianças, as mangas, os chocolates, o uísque, os ventos de três poetas, entre outros) são de natureza afetiva. Em outras palavras, assumem caráter subjetivo, pessoal.

59. (CFC/Técnico – 2º/2003)

Introdução (1ª parte)

O exercício da cidadania pressupõe indivíduos que participem da vida comum. Organizados para alcançar o desenvolvimento do local onde vivem, devem exigir comportamento ético dos poderes constituídos e eficiência nos serviços públicos. Um dos direitos mais importantes do cidadão é o de não ser vítima da corrupção. De qualquer modo que se apresente, a corrupção é um dos grandes males que afetam o poder público, principalmente o municipal. E também pode ser apontada como uma das causas decisivas da pobreza das cidades e do país.

A corrupção corrói a dignidade do cidadão, contamina os indivíduos, deteriora o convívio social, arruína os serviços públicos e compromete a vida das gerações atuais e futuras. O desvio de recursos públicos não só prejudica os serviços urbanos, como leva ao abandono obras indispensáveis às cidades e ao país. Ao mesmo tempo, atrai a ganância e estimula a formação de quadrilhas que podem evoluir para o crime organizado e o tráfico de drogas e armas. Um tipo de delito atrai o outro, e quase sempre estão associados. Além disso, investidores sérios afastam-se de cidadãos e regiões onde vigoram práticas de corrupção e descontrole administrativo.

Os efeitos da corrupção são perceptíveis na carência de verbas para obras públicas e para a manutenção dos serviços da cidade, o que dificulta a circulação de recursos e a geração de emprego e riquezas. Os corruptos drenam os recursos da comunidade, uma vez que tendem a aplicar o grosso do dinheiro desviado longe dos locais dos delitos para se esconderem da fiscalização da Justiça e dos olhos da população. (...)

(Antoninho MarmoTrevisan e outros.
O combate à corrupção nas prefeituras do Brasil.)

De acordo com o texto, é INCORRETO afirmar que:

a) A participação individual na vida comum é requisito para o exercício da cidadania.
b) Ética e eficiência no desenvolvimento da sociedade são direitos do cidadão.
c) A pobreza é um dos efeitos da corrupção.
d) A criminalidade, de modo geral, resulta da ganância decorrente da corrupção.

Resposta: "B"

Comentário

O examinador misturou ideias e relações apresentadas no texto ao afirmar que "ética e eficiência no desenvolvimento da sociedade são direitos do cidadão.". Em conformidade com a superfície textual, "um dos direitos mais importantes do cidadão é o de não ser vítima da corrupção", e não a ética e a eficiência. O comportamento ético relaciona-se aos poderes constituídos, e a eficiência, aos serviços públicos.

Referências

BECHARA, Evanildo. *Lições de português pela análise sintática*. 10. ed. Rio de Janeiro: Grilo, 1996.

_____. *Gramática escolar da língua portuguesa*. Rio de Janeiro: Lucerna, 2003.

_____. *Moderna gramática portuguesa*. 37. ed. Rio de Janeiro: Lucerna, 2005.

CÂMARA Jr., Joaquim Mattoso. *Estrutura da língua portuguesa*. 35. ed. Petrópolis: Vozes, 2002.

CEGALLA, Domingos Paschoal. *Novíssima Gramática da Língua Portuguesa*. 41. ed. São Paulo: Editora Nacional, 1988.

CUNHA, Celso Ferreira da / CINTRA, Luís Filipe Lindley. *Nova gramática do português contemporâneo*. 3. ed. Rio de Janeiro: Nova Fronteira, 1997.

CUNHA, Celso Ferreira da. *Gramática de base*. Rio de Janeiro: Fename, 1978.

HOUAISS, Instituto Antônio. *Dicionário eletrônico Houaiss da língua portuguesa*. Rio de Janeiro: Objetiva, 2009.

IDA, Manuel Said Ali. *Gramática histórica da língua portuguesa*. 6. ed. São Paulo: Edições Melhoramentos, 1966.

KASPARY, Adalberto J. *Português para profissionais – atuais e futuros*. 13. ed. Porto Alegre: Prodil, 1992.

KURY, Adriano da Gama. *Novas lições de análise sintática*. 9. ed. São Paulo: Ática, 2000.

LETRAS, Academia Brasileira de. *Vocabulário Ortográfico da Língua Portuguesa*. 5. ed., 2009.

LIMA, Carlos Henrique da Rocha. *Gramática normativa da língua portuguesa*. 43. ed. Rio de Janeiro: José Olympio, 2003.

LUFT, Celso Pedro. *Moderna gramática brasileira*. 2. ed. Rio de Janeiro: Globo, 2002.

SAVIOLI, Francisco Platão. *Gramática em 44 lições*. Ed. Ática, São Paulo, 1993.

ACORDO ortográfico da língua portuguesa. *Diário do congresso nacional*, Brasília, 21 abr. 1995. Disponível em: <www.senado.gov.br/sf/publicacoes/diarios>. Acesso em: 01 jul. 2011.

Academia Brasileira de Letras. Disponível em: <http://www.academia.org.br>. Acessado em: 02 jul. 2011.

Nossas atividades. Disponível em: <http://atividades1008.blogspot.com/2009/10/nossa-primeira-atividade.html>. Acessado em: 3 jul. 2011.

Blog do Orlandelli. Disponível em: <http://blogdoorlandeli.zip.net/arch2009-01-11_2009-01-17.html>. Acessado em: 28 jun. 2011.